SABERES, PANEMICE E NUANCES DE GÊNERO

ONTOLOGIAS RIBEIRINHAS NA PESCA DE PIRARUCU EM UMA COMUNIDADE AMAZÔNICA (PRAINHA-PA)

Editora Appris Ltda.
1.ª Edição - Copyright© 2025 do autor
Direitos de Edição Reservados à Editora Appris Ltda.

Nenhuma parte desta obra poderá ser utilizada indevidamente, sem estar de acordo com a Lei nº 9.610/98. Se incorreções forem encontradas, serão de exclusiva responsabilidade de seus organizadores. Foi realizado o Depósito Legal na Fundação Biblioteca Nacional, de acordo com as Leis nos 10.994, de 14/12/2004, e 12.192, de 14/01/2010.

Catalogação na Fonte
Elaborado por: Dayanne Leal Souza
Bibliotecária CRB 9/2162

G184s 2025	Gama, Gerlan Silva da Saberes, panemice e nuances de gênero: ontologias ribeirinhas na pesca de pirarucu em uma comunidade amazônica (Prainha-PA) / Gerlan Silva da Gama. – 1. ed. – Curitiba: Appris, 2025. 133 p.: il.; 21 cm. – (Coleção Ciências Sociais). Inclui referências. ISBN 978-65-250-7357-6 1. Pesca. 2. Pirarucu (Peixe) - Amazônia. 3. Transmissão de saberes. 4. Ontologias. 5. Comunidades ribeirinhas. 6. Gênero e panema. I. Gama, Gerlan Silva da. II. Título. III. Série. CDD – 306

Livro de acordo com a normalização técnica da ABNT

Appris editorial

Editora e Livraria Appris Ltda.
Av. Manoel Ribas, 2265 – Mercês
Curitiba/PR – CEP: 80810-002
Tel. (41) 3156 - 4731
www.editoraappris.com.br

Printed in Brazil
Impresso no Brasil

Gerlan Silva da Gama

SABERES, PANEMICE E NUANCES DE GÊNERO
ONTOLOGIAS RIBEIRINHAS NA PESCA DE PIRARUCU EM UMA COMUNIDADE AMAZÔNICA (PRAINHA-PA)

Appris
editora

Curitiba, PR
2025

FICHA TÉCNICA

EDITORIAL	Augusto Coelho
	Sara C. de Andrade Coelho
COMITÊ EDITORIAL	Ana El Achkar (Universo/RJ)
	Andréa Barbosa Gouveia (UFPR)
	Antonio Evangelista de Souza Netto (PUC-SP)
	Belinda Cunha (UFPB)
	Délton Winter de Carvalho (FMP)
	Edson da Silva (UFVJM)
	Eliete Correia dos Santos (UEPB)
	Erineu Foerste (Ufes)
	Fabiano Santos (UERJ-IESP)
	Francinete Fernandes de Sousa (UEPB)
	Francisco Carlos Duarte (PUCPR)
	Francisco de Assis (Fiam-Faam-SP-Brasil)
	Gláucia Figueiredo (UNIPAMPA/ UDELAR)
	Jacques de Lima Ferreira (UNOESC)
	Jean Carlos Gonçalves (UFPR)
	José Wálter Nunes (UnB)
	Junia de Vilhena (PUC-RIO)
	Lucas Mesquita (UNILA)
	Márcia Gonçalves (Unitau)
	Maria Aparecida Barbosa (USP)
	Maria Margarida de Andrade (Umack)
	Marilda A. Behrens (PUCPR)
	Marília Andrade Torales Campos (UFPR)
	Marli Caetano
	Patrícia L. Torres (PUCPR)
	Paula Costa Mosca Macedo (UNIFESP)
	Ramon Blanco (UNILA)
	Roberta Ecleide Kelly (NEPE)
	Roque Ismael da Costa Güllich (UFFS)
	Sergio Gomes (UFRJ)
	Tiago Gagliano Pinto Alberto (PUCPR)
	Toni Reis (UP)
	Valdomiro de Oliveira (UFPR)
SUPERVISORA EDITORIAL	Renata C. Lopes
PRODUÇÃO EDITORIAL	Sabrina Costa
REVISÃO	Katine Walmrath
DIAGRAMAÇÃO	Ana Beatriz Fonseca
CAPA	Danielle Paulino
ARTE DA CAPA	Gabriel Rêgo Licata
ILUSTRAÇÃO	Ádyla Wilsiandra Valente
REVISÃO DE PROVA	Bianca Pechiski

COMITÊ CIENTÍFICO DA COLEÇÃO CIÊNCIAS SOCIAIS

DIREÇÃO CIENTÍFICA	Fabiano Santos (UERJ-IESP)
CONSULTORES	Alícia Ferreira Gonçalves (UFPB)
	Artur Perrusi (UFPB)
	Carlos Xavier de Azevedo Netto (UFPB)
	Charles Pessanha (UFRJ)
	Flávio Munhoz Sofiati (UFG)
	Elisandro Pires Frigo (UFPR-Palotina)
	Gabriel Augusto Miranda Setti (UnB)
	Helcimara de Souza Telles (UFMG)
	Iraneide Soares da Silva (UFC-UFPI)
	João Feres Junior (Uerj)
	Jordão Horta Nunes (UFG)
	José Henrique Artigas de Godoy (UFPB)
	Josilene Pinheiro Mariz (UFCG)
	Leticia Andrade (UEMS)
	Luiz Gonzaga Teixeira (USP)
	Marcelo Almeida Peloggio (UFC)
	Maurício Novaes Souza (IF Sudeste-MG)
	Michelle Sato Frigo (UFPR-Palotina)
	Revalino Freitas (UFG)
	Simone Wolff (UEL)

AGRADECIMENTOS

A publicação deste livro representou uma jornada longa e, em muitos momentos, desafiadora. A conclusão desta obra só foi possível graças ao apoio e à assistência de inúmeras pessoas extraordinárias.

Em primeiro lugar, manifesto minha profunda gratidão à minha família, cujo amor e paciência foram inestimáveis. Aos meus pais, que sempre acreditaram em mim e me incentivaram a seguir meus sonhos. Aos meus irmãos, pela sustentação emocional e compreensão durante as exaustivas noites de escrita e revisão.

Destaco, de maneira especial, minha orientadora, Prof.ª Dr.ª Myrian Sá Leitão Barboza. Sua visão e orientação foram cruciais para moldar este livro. Sua expertise e meticuloso feedback elevaram este trabalho a um patamar que eu não poderia alcançar sozinho.

Agradeço profundamente aos pescadores da comunidade Ipiranga, em particular a meu avô Paulo Perna, minha avó Maria das Graças, meu avô Pedro Aleixo, minha avó Idalina Gomes e minha tia Dalgisa Costa, pelas valiosas discussões, apoio moral e sugestões construtivas que enriqueceram significativamente este projeto.

Finalmente, um agradecimento especial a você, leitor, por escolher este livro. Sua curiosidade e seu desejo de embarcar nesta narrativa são a maior recompensa para um escritor.

A todos vocês, meu sincero agradecimento.

Dedico este livro aos meus avós Pedro Aleixo da Gama e Idalina Gomes de Morais, com os quais aprendi muito. Aos meus pais e irmãos, com quem discutimos muito sobre o tema, e aos pescadores da comunidade Ipiranga. Ao escrever sobre nossas vivências, acredito que estou dando voz a um coletivo de pessoas que vivem da pesca e na várzea, que por muito tempo estiveram em silêncio, e de certa forma, em mim, essas vozes são evocadas e reivindicam seu lugar na história. De minha parte, quero continuar a refletir e apontar as inconsistências do sistema e na luta pela descolonização dos corpos e mentes na Amazônia.

APRESENTAÇÃO

Sou Gerlan Silva da Gama, e é com grande satisfação que apresento meu livro para vocês, intitulado *Saberes, panemice e nuances de gênero: ontologias ribeirinhas na pesca de pirarucu em uma comunidade amazônica (Prainha-PA)*. Este estudo é uma etnografia da comunidade Ipiranga, localizada no rio Guajará, no município de Prainha, no Pará. A obra explora a rica diversidade cultural e as complexas relações de gênero presentes na pesca do pirarucu, um dos maiores peixes de água doce do mundo.

Este livro é uma homenagem à comunidade Ipiranga, cujos membros representam a essência da resiliência e da tradição amazônica. A pesquisa revelou a importância dos saberes tradicionais e das práticas culturais na vida cotidiana dessa comunidade, enfrentando desafios significativos como a distância geográfica e a escassez de recursos durante sua realização. Esses obstáculos foram superados com um firme compromisso em documentar e compreender a riqueza cultural e as dinâmicas de gênero dessa comunidade.

A inspiração para este estudo surgiu do contato com a luta dos povos indígenas do Baixo Tapajós e quilombolas do Planalto de Santarém, que buscam preservar e compartilhar a riqueza de suas culturas e tradições ancestrais. Este trabalho é uma extensão dessa inspiração, refletindo minha intenção de valorizar e preservar as práticas e conhecimentos que sustentam a vida nas comunidades amazônicas.

Meu trabalho dialoga com a antropologia da técnica, gênero e a antropologia dos sentidos para analisar as práticas de pesca e agricultura, bem como seus processos de aprendizagem. Adoto uma abordagem direta ao questionar aos interlocutores sobre como se formam pescadores e agricultores, as ações apropriadas com peixes e plantas, e a preparação de remédios para tratar a panema. Destaco as teorias locais sobre aprendizagem, que incluem a capacidade dos pirarucus ensinarem seus filhotes a viver nas águas da várzea e a lidar com predadores. Esse aspecto da pesquisa oferece reflexões perspicazes sobre o comportamento e a intuição dos pirarucus.

O foco da pesquisa também se concentra na "panemice", ou seja, como as práticas e saberes pesqueiros são moldados por relações de poder e gênero. Na comunidade Ipiranga, observei que a pesca do pirarucu é uma atividade predominantemente masculina, enquanto as mulheres desempenham papéis cruciais em outras áreas da vida comunitária, como o preparo dos alimentos e a organização doméstica. Essa divisão de trabalho é fluida e interdependente, essencial para a dinâmica da comunidade.

No contexto da pesquisa, a ontologia ribeirinha é compreendida como a perspectiva holística dos habitantes sobre o mundo, onde o rio e seus recursos são considerados entidades vivas que requerem respeito e cuidado. A interação entre gênero e essas ontologias revela nuances importantes: embora os homens liderem a pesca, as mulheres também exercem papéis importantes tanto no processo pesqueiro quanto na gestão dos recursos.

A conclusão do estudo demonstra que a pesca na comunidade vai além da dimensão econômica ou técnica, estando imersa em práticas culturais, relações de gênero e uma visão de mundo que valoriza a interdependência entre seres humanos, não humanos e os ambientes amazônicos. A pesquisa também ressalta a necessidade de reconhecer e valorizar o papel das mulheres nas práticas de pesca e nos saberes locais, frequentemente invisibilizados.

Em resumo, este trabalho busca iluminar a complexa interligação entre saberes tradicionais, práticas culturais e questões de gênero na comunidade Ipiranga. Através desta pesquisa, espero contribuir para um entendimento mais profundo e um maior respeito pelas formas de vida das comunidades amazônicas, reconhecendo a riqueza e a complexidade de suas tradições e conhecimentos.

PREFÁCIO

Prefaciar um livro quando se trata de um autor com quem compartilhamos vivências profissionais traz à tona reflexões não apenas sobre a obra em si, mas rememorações de sua caminhada, sobretudo quando nos sentimos coadjuvantes desse itinerário. Reler esta obra me transportou às lembranças do acompanhamento da trajetória acadêmica de Gerlan Silva no curso de antropologia da Ufopa, desde 2019, quando o conheci no início de sua graduação. Recordo com entusiasmo de sua participação ativa em sala de aula e de seu envolvimento nos projetos de pesquisa, ensino e extensão em que atuou como bolsista sob minha orientação.

Gerlan transborda nesta obra sua essência de ser, ribeirinho, negro, ativista, engajado politicamente às causas socioambientais amazônicas e dedicado em sua formação intelectual e atuação profissional. Filho das águas amazônicas, particularmente das águas turvas da várzea, carrega consigo os nutrientes poderosos do ecossistema de várzea, responsáveis pela nutrição e sustentação de uma imbricada rede ecológica. A escolha do tema revela quem é, de onde vem Gerlan Silva da Gama e seus propósitos intelectuais e políticos. Filho e neto de pescadores e agricultores, seu livro descortina a cosmopolítica dos ribeirinhos e ribeirinhas na pesca de pirarucu, que envolve não apenas a pesca propriamente dita, como também habilidades técnicas, crenças e segredos, dinâmica de socialização de conhecimentos entre gerações e gênero, cuidados corporais, normativas sociais, percepção, conhecimento e interações sobre e entre peixes, plantas, pessoas e seres encantados.

Sua obra traz inúmeras e relevantes contribuições ao universo acadêmico da antropologia e outras áreas como biologia, ciências sociais, arqueologia, entre outras, e também do universo não acadêmico. Trata-se do primeiro estudo sobre sua comunidade Ipiranga (Prainha, Pará), que é narrada por um filho de Ipiranga que traz na escrita sua percepção carregada de significados, sentimentos e análises fundamentadas nos métodos da antropologia. Assim, é importante reconhecermos que a antropologia jamais será a mesma, construída agora por quem antes era considerado o "nativo", o "exótico", que foi por muito tempo apenas observado por corpos de homens brancos do Norte Global. Atualmente, uma nova geração de intelectuais, composta por mulheres, negros, quilombolas, indígenas, ciganos, LGBTQIA+, pessoas de religiões de matriz africana, nortistas e nordestinos, do Sul Global, fabricam uma nova antropologia que é sentida e revelada por outras peles e corpos. Assim, se insere Gerlan nesta nova antropologia plural, vívida, pulsante e colorida.

Provavelmente esta obra consiste no primeiro livro oriundo de um Trabalho de Conclusão de Curso (TCC) de graduação em Antropologia da Ufopa, quiçá o primeiro em nível de TCC da Ufopa. Além disso, esta obra simboliza, qualifica e quantifica o papel da política de ações afirmativas no Brasil. Gerlan ingressou na graduação e na pós-graduação por meio da lei de cotas, consolidando os efeitos assertivos e promissores dessa política que assegura representatividade, inclusão e equidade na sociedade brasileira.

A obra *Saberes, panemice e nuances de gênero: ontologias ribeirinhas na pesca de pirarucu em uma comunidade amazônica (Prainha-PA)* realiza uma tessitura entre subáreas da antropologia como etnografia, antropologia da pesca, antropologia da técnica, antropologia dos sentidos e antropologia de gênero. As relações imbricadas na pesca de pirarucu norteiam o eixo central da obra, que aborda a socialização de conhecimentos entre gerações; as habilidades gestuais, corporais e sensitivas empreendidas na pesca; os cuidados na pesca que envolvem atuação direta das mulheres no preparo de remédios com plantas para evitar o *panema*. A categoria *panemice* é amplamente utilizada por diversos povos da Amazônia, e reflete o insucesso na realização de algumas atividades, sobretudo na caça e na pesca. A *panemice* engloba um sistema de crenças e princípios morais que rege e condiciona as relações sociais em Ipiranga. Gerlan apresenta com detalhes as maneiras como uma pessoa pode ficar *panema*, formas de evitar e curar a *panemice*, relacionada à pesca de pirarucu.

Em sua obra, Gerlan também discute teorias de aprendizagens entre os pirarucus, que são considerados *peixe fino e milindroso*, pois possuem sagacidade e sensibilidade de perceber os humanos, realizar estratégias de fuga, localizar e capturar suas presas, e ainda socializar esses saberes junto aos pirarucus jovens. Assim, Gerlan traz para o debate acadêmico a construção e o debate de teorias ribeirinhas acerca da capacidade perceptiva comportamental e instrutiva dos pirarucus. Adicionalmente, Gerlan também discute a categoria "criação" em Ipiranga, que se conecta com a capacidade de sobrevivência do animal, seja em condições naturais ou manejadas pelos humanos. A obra também se desdobra revelando questões de gênero, especificamente o conhecimento aprofundado das mulheres no preparo e uso de plantas para prevenir e remediar a *panemice*. Assim, esta obra, que é focada na pesca do pirarucu, reúne instigantes temas transversais por meio do arcabouço científico, porém totalmente fundamentada nas teorias amazônicas locais, forjada por um intelectual afro-indígena que pesquisou sua própria comunidade.

A publicação desta obra consiste na materialização de um antigo sonho coletivo. Na incumbência de educadora, pesquisadora e vice-coordenadora do NPDAFRO, o desejo de transmutação dos TCCs de nossos estudantes para o formato de livro reverbera investimentos, aprendizagens, cuidados e afetos do nosso grupo. Agora, esta obra dimensionada na textura e na fragrância do papel, e até mesmo no viés tecnológico de um e-book, simboliza força, capacidade e potencialidade dos jovens corpos amazônidas.

Desejo uma leitura inspiradora e instigantes reflexões sobre o universo amazônida.

Myrian Sá Leitão Barboza

Doutora em Antropologia pela Universidade da Flórida, premiada pela excelência acadêmica e pesquisa junto a minorias. Professora e pesquisadora da Ufopa, com foco em etnoecologia, ecologia histórica, manejo de recursos naturais e estudos sobre gênero, antropologia da paisagem e simbolismo afro-brasileiro

SUMÁRIO

CAPÍTULO 1
INTRODUÇÃO 19
1.1 Procedimentos metodológicos 24
1.2 Comunidade Ipiranga e sua "vocação" para as pescarias de pirarucu 28

CAPÍTULO 2
"O PIRARUCU É PEIXE FINO E MELINDROSO, E TAMBÉM ENSINA SEUS FILHOS A PESCAR!": TRADIÇÕES E SENTIDOS NA TRANSMISSÃO DE SABERES E TÉCNICAS NAS PESCARIAS DE PIRARUCU NA AMAZÔNIA (PRAINHA-PA) 41
 2.1 Como tornar-se pescador de pirarucu? Relações familiares e experiências sensoriais nos processos técnicos de ensino e aprendizagem da pescaria de pirarucu..45
 2.2 "O pirarucu é peixe fino e milindroso, e também ensina seus filhos a pescar!": ensinamentos de saberes e técnicas entre os pirarucus 54
 2.3 Considerações preliminares: técnicas e transmissão de saberes entre humanos e não humanos.. 60

CAPÍTULO 3
ESTADOS EMOCIONAIS E REPERTÓRIO DE TÉCNICAS CONTRA A *PANEMICE* NAS PESCARIAS DE PIRARUCU 65
 3.1 *Panemice* nas pescarias de pirarucu 67
 3.2 Repertório de técnicas de prevenção e de cura da panemice 79
  3.2.1 Murundangas: prevenir é melhor que remediar! 80
  3.2.2 "Remédio bem feito para poder voltar a ver os peixes": remediar para curar a *panemice* 81
 3.3 "Meu pai não fazia remédio quando ele sabia que era mulher grávida, até porque é pecado, né?": moralidades nas relações da *panemice* nas pescarias de pirarucu..86
 3.4 Considerações preliminares: estados emocionais e *panemice* 92

CAPÍTULO 4
O PAPEL DAS MULHERES E A RELAÇÃO COM AS PLANTAS CONTRA A *PANEMICE* NAS PESCARIAS DE PIRARUCU 97
4.1 Mulheres pescadoras e a divisão de gênero do trabalho 98
4.2 Atividades econômicas: pesca e relações de gênero 102
4.3 Transmissão de saberes e experiências sensoriais no uso de plantas contra a *panemice* 106
4.4 Considerações preliminares: transmissão de saberes entre as mulheres 116

CAPÍTULO 5
CONSIDERAÇÕES FINAIS 119
5.1 Desafios metodológicos da pesquisa 122
5.2 Proposições para estudos futuros baseados nos resultados da presente pesquisa 123

REFERÊNCIAS 125

"Primeiro que eu pescava com meu pai desde a idade de 10 anos, aí meu pai me levava. Ele me ensinava quando o peixe *buiava*, a calcular o tamanho do peixe. [...] quando um peixe grande *buia*, a zuada é mais rouca, tipo é muito pesada, já o peixe pequeno é mais espalhafatoso, faz um barulho mais em cima da água."

(Alexandre Silva, 2021)

Ilustração de Valente, Á. W. S.

CAPÍTULO 1

INTRODUÇÃO

O propósito deste estudo é compreender como a pesca de pirarucu (*Arapaima gigas*) na comunidade Ipiranga organiza as formas de inter-relações humanas com o ambiente e os outros seres não humanos, e como essa interação mobiliza saberes, técnicas, sentidos, emoções e cuidados relacionados a nuances de gênero. Também, buscamos durante o texto abordar as tradições de transmissão de saberes e técnicas nas pescarias de pirarucu na comunidade Ipiranga (Prainha-PA); abordar os estados emocionais — preguiça, "felicidade" (sorte), injúria e inveja — relacionados à proteção e à cura que abarcam o repertório de técnicas contra a *panemice* nas pescarias de pirarucu; e também compreender como se dá o processo de transmissão de saberes no uso de plantas, entre as mulheres, contra o *panema* na pescaria de pirarucu.

Ao lermos o título deste livro, podemos inicialmente supor que se trata de uma discussão teórica sobre a Ontologia, um ramo central da filosofia que investiga a natureza do ser, da existência e da realidade. Esse campo filosófico é fundamental para compreender como diferentes entidades podem ser categorizadas e suas inter-relações. Platão e Aristóteles, por exemplo, abordaram questões ontológicas essenciais sobre a essência das coisas e a natureza do ser.

No presente texto, o termo "ontologias ribeirinhas" é empregado para destacar a visão de mundo, os conhecimentos e as práticas dos pescadores ribeirinhos na Amazônia, com um enfoque especial na pesca do pirarucu. A comunidade Ipiranga mantém uma relação intrínseca e complexa com seu ambiente natural, o que molda suas identidades e práticas culturais. A pesca do pirarucu, uma espécie de importância ecológica e econômica significativa, é sustentada por técnicas e saberes tradicionais que são cruciais para a sustentabilidade e preservação dos recursos naturais, refletindo uma ontologia específica desses grupos, como podemos observar na vasta literatura que aborda o tema: Almeida (2013), Moraes, S. e Alves-Gomes (2010) e Paiva (2018).

Este texto não pretende debater teoricamente ou revisar o conceito das ontologias ribeirinhas. No entanto, lida com ontologias ao longo de todo o texto, mesmo sem apontá-las explicitamente como tal. Por exemplo, quando um pescador está *panema* e não pesca pirarucu, ele não assume a inexistência do peixe no lago; pelo contrário, ele acredita que o pirarucu está lá, mas ele não o pegou devido ao seu estado de *panema*.

Neste texto, seguimos o entendimento de Almeida (2013) em "Caipora e outros conflitos ontológicos", onde ele explora as ontologias como formas distintas de compreender e interagir com o mundo. Almeida argumenta que as ontologias são mais do que sistemas de crenças; são modos de existência que moldam a percepção e a relação das pessoas com a realidade. Ele afirma que "pressupostos ontológicos dão sentido, ou permitem interpretar, encontros pragmáticos, mas vão além de qualquer encontro particular" (p. 9). Assim, "ontologias dizem respeito ao que existe, e ontologias sociais referem-se a quais entes sociais são reconhecidos como existentes" (p. 22).

As ações dos pescadores de Ipiranga, de certa forma, são mediadas pela relação com a pesca de pirarucu; assim, a pergunta científica que uso como norte neste trabalho é: como a pesca de pirarucu na comunidade Ipiranga organiza as formas de se relacionar com o ambiente e mobiliza saberes, técnicas, gêneros e emoções para evitar ou curar o *panema* relacionado à pesca de pirarucu?

A pesca de pirarucu é uma das principais fontes de renda dos pescadores de Ipiranga e mobiliza todo o comércio local. Consiste em uma rede de relações que envolve o pescador de pirarucu e toda a sua família e mobiliza o comércio local. Denominada também de marisco,[1] através da pesca o pescador pode conseguir financiamento e crédito com mais facilidade nos comércios locais, pois são considerados trabalhadores que honram seus compromissos com maior facilidade devido ao sucesso nas pescarias de pirarucu.

Este estudo nos ajuda a compreender como a pesca de pirarucu se conecta ou mobiliza as ações, suas técnicas de/para captura do pirarucu, o processo em que o neófito é inserido para ser um pescador de pirarucu, as formas como ocorre esse processo, as práticas tradicionais de prevenção e cura, as formas como os pescadores se relacionam com o ambiente, com as plantas, além de todo um repertório de conhecimento para se curar do *panema*, que mobilizado pelas mulheres nos revela as questões de gênero intrínsecas a esse processo. Além disso, nos dá a oportunidade de entender como as mulheres pescadoras e ribeirinhas vêm transmitindo suas técnicas de produção de adubos e cuidados com as plantas, bem como revela como aguçados conhecimentos sobre as propriedades das plantas, modos de colher, plantar e regar estão sendo ensinados ou repassados aos mais jovens, assim perpetuando a cultura local.

Esta pesquisa é um registro, um documento; pelas pesquisas e conhecimento que tenho, nunca outro pesquisador veio até essa comunidade desenvolver uma etnografia sobre a relação dos pescadores com a pesca de pirarucu e suas implicações, ligações e influências no dia a dia dos pescadores, pescadoras e crianças. Sua realização é inédita e proporciona dados valiosos que podem ser utilizados em outras discussões. Isso permitirá que os órgãos administrativos conheçam melhor a comunidade, entendam a cultura local e considerem políticas públicas em áreas como saúde, educação e outros serviços essenciais.

Destaco a importância que a presente pesquisa tem para este acadêmico de antropologia, que se sente desafiado a produzir conhecimentos científicos sobre sua comunidade, na intenção de registrar ou escrever sobre sua cultura, produzir documentos

---

[1] Palavra utilizada pelos pescadores como sinônimo de pescar, de capturar o animal.

que as próximas gerações de pescadores pesquisadores possam acessar e possam usar para benefício da comunidade. Também trazer dados para os debates acadêmicos sobre a diversidade cultural das nossas comunidades amazônidas.

Além disso, a pesquisa vem somar a outros trabalhos como Carlos Sautchuk (2007), Fábio Mura (2011), Galvão (1951) e Alencar (1991), entre outros, no debate sobre a antropologia da técnica, e aborda com mais detalhes a questão do *panema*, com pouca bibliografia disponível sobre tal aspecto da vida de pescadores amazônidas. Ainda apresenta dados sobre as mulheres ribeirinhas pescadoras, e a antropologia das relações de gênero na pesca, abordando o tema inspirado em autores como Maneschy (1995), Maldonado (1986) e Assarella (2009). No oeste do Pará, ainda temos poucas pesquisas que abordem a relação e as vivências das mulheres ribeirinhas nas comunidades; devido a essa dificuldade, encontrei poucas e tímidas etnografias e análises nesse sentido feitas por pesquisadores da região e sobre a região oeste, daí a importância também de pesquisas como esta para futuros debates e análises sobre as comunidades ribeirinhas pesqueiras e amazônidas.

Este livro se estrutura em cinco capítulos: **Capítulo 1:** Introdução; **Capítulo 2:** "O pirarucu é peixe fino e melindroso, e também ensina seus filhos a pescar!": tradições e sentidos na transmissão de saberes e técnicas nas pescarias de pirarucu; **Capítulo 3:** Estados emocionais e repertório de técnicas contra a *panemice* nas pescarias de pirarucu; **Capítulo 4:** O papel das mulheres e a relação com as plantas contra a *panemice* nas pescarias de pirarucu. **Capítulo 5:** Considerações finais.

No primeiro capítulo desta obra, busco fazer uma breve apresentação do objetivo geral desta pesquisa, contextualizando-a e apresentando os aspectos que serão pesquisados, como objetivo geral, a problemática da pesquisa e a importância da sua realização. Faço uma breve apresentação dos capítulos, destacando os principais assuntos discutidos e apresento o espaço e o tempo onde/quando foi realizada a pesquisa. Também descrevo a área de estudo e o método etnográfico que fazem parte desta pesquisa.

No segundo capítulo, meu objetivo é mostrar como são realizadas as transmissões de saberes e técnicas nas pescarias de pirarucu na comunidade Ipiranga. No sistema de ensino-aprendizagem entre pescadores, os sentidos são treinados como parte fundamental das práticas de pesca, por isso realizo um diálogo com autores da antropologia da técnica, antropologia dos sentidos, e também autores da biologia comportamental e ecológica dos peixes. Também, proponho nesse capítulo descrever e discutir procedimentos técnicos refletidos a partir de algumas proposições de Marcel Mauss sobre as técnicas do corpo. Assim, inspirado nas cosmologias nativas, proponho reflexões preliminares sobre a possibilidade dos pirarucus adultos investirem no ensinamento de técnicas para seus filhotes, como técnicas de procura por alimento e de fuga para que aprendam a identificar, localizar e "pescar" suas presas, como também reconheçam seus predadores e possam escapar. Além disso, pretendo compreender as interações entre pessoas, ambientes, animais, objetos e encantados, a partir de princípios sociais e culturais, não apenas baseados no funcionamento dos processos técnicos em si, mas seguindo uma abordagem processualista conforme defende Fábio Mura (2011).

No terceiro capítulo, exploro como os estados emocionais — preguiça, "felicidade" (sorte), injúria e inveja — estão relacionados à contração do panema entre os pescadores de pirarucu. Apresento o conceito de *panema* de acordo com os pescadores locais, que consiste em uma situação indesejada, sendo, por isso, amplamente evitada ou, em casos emergenciais, tratada para não prejudicar o bem-estar e a saúde dos pescadores e de suas famílias. Diante disso, analiso o repertório de técnicas de proteção e cura contra a *panemice* nas pescarias de pirarucu em Ipiranga. Proponho também descrever e discutir como estados emocionais abarcam essas situações. Inspirado em Marcel Mauss, exploro os processos técnicos e seus efeitos na moralidade local e na produção de assimetrias relacionais, como a competição e a fofoca entre os pescadores de pirarucu da comunidade de Ipiranga. Gatilhos emocionais, como inveja, gula, avareza, preguiça, raiva e "felicidade" (sorte), são constantemente acionados na dinâmica envolvendo a condição de *panema*, bem como nas técnicas de proteção e cura utilizadas nas pescarias de pirarucu. Essas complexas interações emocionais e sociais revelam a profundidade cultural e a importância da panemice no cotidiano dos pescadores.

No quarto capítulo, meu objetivo é compreender como se dá o processo de transmissão de saberes no uso de plantas entre as mulheres contra o *panema* na pescaria de pirarucu. Faço uma descrição da rotina das mulheres ribeirinhas e pescadoras. Procuro destacar a importância das mulheres na economia da casa, e através de um debate sobre a questão de gênero, mostro a invisibilização do trabalho da mulher, considerado como ajuda, mas que permite uma imersão das mulheres em atividades que dependem de cuidados, que na comunidade são considerados uma atribuição feminina. Descrevo a relação das mulheres com as plantas, a rotina e os cuidados, as técnicas de cultivo e faço uma discussão com os autores Brussi (2019), Sautchuk (2015) e Tassinari (2015) sobre a transmissão de saberes.

O quinto capítulo é a conclusão na qual faço um resgate da trajetória da construção e escrita do trabalho, reflito sobre os principais resultados do texto e me questiono se consegui responder às questões colocadas para este trabalho. Também faço uma breve ponderação sobre os possíveis estudos que podem ser realizados para aprofundamento da temática aqui estudada.

1.1 Procedimentos metodológicos

Na presente pesquisa desenvolvi etnografias e conversas junto aos pescadores e pescadoras da comunidade Ipiranga, sendo que nessa comunidade apenas os homens pescam pirarucu. De acordo com Vieira e colaboradores (2018), os estudos etnográficos pressupõem uma extensa recolha de dados durante um período de tempo mais ou menos longo, de uma forma naturalística, isto é, sem que o investigador interfira na situação que está a estudar, o que implica que o investigador tenha presente a cultura do grupo com quem trabalha, entendendo a cultura como um conjunto de padrões, de comportamentos e de crenças que permitam compreender o modo de agir dos elementos do grupo em questão.

Ainda segundo Vieira *et al.* (2018, p. 37), ao iniciar a recolha dos dados, através de observação direta e observação indireta participante, o etnógrafo recorre, posteriormente, a outras técnicas como as entrevistas etnográficas, entre outras, assim buscando o povo ou grupo (comunidade) e procurando fazer tudo isso dentro do grupo, a partir das perspectivas dos membros do grupo.

Em relação ao pesquisador estar "isento de valores sobre sua pesquisa", aqui discordo em partes de Vieira *et al.* (2018), pois acredito que nossas vivências e trajetórias pessoais influenciam nossas perspectivas e análises dos dados coletados; como faço parte da comunidade, minha forma de compreender as relações dos pescadores com a pesca estão influenciadas pelas minhas vivências na comunidade. Constituo um pesquisador-objeto, como diria Kilomba (2019), já que em mim estão naturalizados os símbolos de comunicação da comunidade que um pesquisador de outra região talvez não consiga acessar. Assim, e por isso, sigo uma antropologia que valoriza as perspectivas de autores pretos amazônidas historicamente silenciados que busca romper com as tradições metodológicas de pesquisas, como é o caso de Da Costa Pereira (2017), que através de relatos pessoais de suas vivências oferece uma reflexão sobre as causas que levaram à necessidade de políticas de ação afirmativa para ingresso em cursos de pós-graduação do país.

Meu entender sobre a entrada do objeto-pesquisador na escrita da pesquisa etnográfica encontra referência no livro de Kilomba (2019), *Memórias da plantação: episódios de racismo cotidiano*, que logo na introdução discute a palavra tanto através da fala, dessa fala que se desdobra em um silêncio imposto, quanto da dimensão em que ela vai se debruçar sobre o escrever. Escrever, para a autora, é a forma como nos tornamos sujeitos na pesquisa, e não mais objetos, não mais inferiores, que não refletimos sobre nossa realidade social, incapazes de teorizar sobre a nossa própria existência, mas é ter a oportunidade de escrever sobre nós mesmos, com nossas próprias palavras e regionalidades: "eu me torno a oposição absoluta do que o projeto colonial predeterminou" (Kilomba, 2019, p. 28).

Diante disso, a escrita se torna um ato político de reafirmação de nossa existência fazendo com que deixemos de ser objetos e nos tornemos sujeitos. É nesse sentido que Moura (2021) apresenta a convivência ou existência dos sujeitos (como é o meu caso, de comunidade tradicional pesqueira) na universidade que antes não ocupavam esse espaço como pesquisadores, inclusive fazendo pesquisa sobre suas próprias comunidades, como produtores de encruzilhadas:

> Encruzilhada é um conceito forjado pela intelectualidade dos terreiros e muito usada pelas filosofias das religiões de matriz africana e afro-brasileira, a encruzilhada é o lugar do fluxo, da comunicação, do encontro, da decisão, da ambivalência, do entrecruzamento de possibilidades. (Moura, 2021, p. 21).

Assim, o conceito de encruzilhada, de acordo com a autora, vem justamente para abrir as possibilidades de caminhos a partir desse encontro produzido com, por exemplo, alunos pescadores na universidade. Ao contrário do que a antropologia formulou e buscou/busca sustentar, para Moura (2021) a separação entre onde se faz pesquisa e onde se produzem os trabalhos, assim como a divisão entre quem é pesquisador e quem é "objeto de pesquisa", ou ainda "interlocutor", não se sustenta na presença das intelectuais de terreiro.

> Se antes o movimento era pendular, em que estar lá não significava ter aqui, nós, as pessoas com as quais os antropólogos pesquisavam, tampouco dialogar conosco, agora, a partir da ruptura epistêmica

> que impõe no reconhecimento dos conhecimentos tradicionais como importantes de estarem nesse território, começa a se constituir uma encruzilhada, em que os conhecimentos são produzidos no encontro e considerando esse encontro como a possibilidade de um diálogo elaborado por Mãe Dora e Makota Kidoiale, em que muitos podem ensinar e muitos podem aprender (Moura, 2021, p. 21).

Assim, este estudo se fez a partir de uma combinação entre minhas vivências e conversas com os pescadores e pescadoras de pirarucu na comunidade Ipiranga, da qual nasci e me criei. As etnografias que o sustentam foram realizadas em julho e dezembro de 2021, os diálogos no mesmo período, além de conversas por áudios do aplicativo WhatsApp entre abril e maio de 2022 e janeiro de 2023. Em 2021 conversei com dois senhores, experientes pescadores de pirarucu, Alexandre Silva de 79 anos e Marcos Vinicius de 84 anos, e Joana Barros de 69 anos, dona de casa, mãe de onze filhos, pescadora inativa e esposa do pescador Alexandre Silva. Todos residem nas proximidades da sede da comunidade Ipiranga. As conversas por áudios foram realizadas com Joana Barros com auxílio de sua filha, Marilene Barros de 35 anos, pois dona Joana não apreciava o uso de telefone. Ficam expostos neste texto os caminhos metodológicos que percorro, buscando por meio de entrevistas e conversas com os pescadores e pescadoras, mensagens trocadas por meio do aplicativo WhatsApp e ligações telefônicas entender como a pesca de pirarucu influencia a vivência e as relações dos pescadores seja como o ambiente, seja com as mulheres, crianças e não humanos.

Os entrevistados preferiram a substituição de seus nomes verdadeiros por nomes fictícios, por isso utilizei nomes imaginários. Para as categorias locais que têm significado diferente do léxico padrão da língua portuguesa uso as aspas; por exemplo, "criação" com sentido de sobrevivência de um espécime animal. Também utilizo aspas quando apresentamos algumas palavras em contexto não usual; por exemplo, o uso de "partitura" em referência ao conjunto de sons emitidos por animais, para ênfase em algumas palavras e para as informações curtas dos interlocutores.

Também é importante ressaltar neste trabalho que sou filho de pescador, nascido e criado na comunidade Ipiranga, com vários familiares sendo pescadores de pirarucu, portanto pertencente ou "nativo", como muitos pesquisadores diriam, dessa comunidade, tendo minhas vivências e construção enquanto cidadão e indivíduo intrinsecamente atravessadas pela cultura local. Diante disso, muitas das descrições que estão neste texto são baseadas nas minhas trajetórias pessoais e observações ao longo da vida.

Neste texto, as inspirações para escolher os melhores instrumentos metodológicos para a realização da pesquisa busquei em diversos trabalhos de autores como Moura (2021), que traz o conceito de encruzilhadas como uma forma de romper com a ideia do pesquisador isento, sem emoções e ligação com o campo; Pereira (2014), que analisa as questões raciais e de gênero a partir de sua própria vivência; e Sautchuk (2007), que, empregando as estratégias habituais do *métier* etnográfico, se dedica a fazer anotações sobre o cotidiano da vila em que pesquisa, a partir da observação das atividades e das conversas com diversas pessoas e gravação de horas de entrevistas com pescadores, entre outros autores que fazem pesquisa em contextos parecidos e usam metodologias que julgo serem mais eficientes para a realização de trabalhos como este.

1.2 Comunidade Ipiranga e sua "vocação" para as pescarias de pirarucu

A comunidade Ipiranga está localizada na margem direita do rio Guajará (sentido foz-cabeceira), ou parafraseando os comunitários locais "do lado direito de quem sobe e do lado esquerdo de quem desce o Rio Guajará", afluente do rio Amazonas (Mapa 1).

Mapa 1 – Mapa da localização da comunidade Ipiranga (ponto rosa), próxima às RESEX Verde para Sempre e Renascer (áreas verde-escuro e claro, respectivamente) no município de Prainha, estado do Pará. Observar a quantidade de lagos nas proximidades da comunidade Ipiranga (cor azul-turquesa)

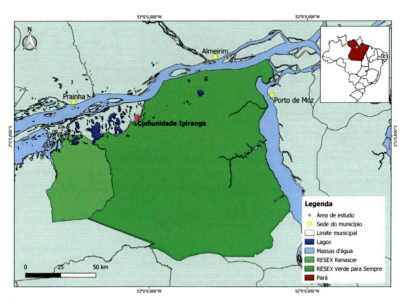

Fonte: Vitória dos Santos Campos, 2022

O rio Guajará está situado entre os municípios de Porto de Moz e Prainha, no estado do Pará. A comunidade faz fronteira com a unidade de conservação Reserva Extrativista (RESEX) Verde para Sempre e está relativamente próxima à RESEX Renascer. Devido às ações governamentais de proteção e vigilância executadas nessas reservas, a comunidade Ipiranga acaba recebendo os efeitos dessa política. Para alguns comunitários, essas ações se configuram como prejudiciais, pois não foi estabelecido diálogo para planejamento e implementação das estratégias de conservação, como a tentativa de retirada de búfalos (*Bubalus* sp.),[2] que antes eram amplamente

---

[2] Para aprofundamento deste debate, indicamos a leitura dos textos de Pedro Stoeckli (2017; 2015a; 2015b) sobre as técnicas e os impactos da criação de búfalos em comunidades tradicionais do Amapá cercadas por unidades de conservação.

criados nas comunidades. Além da aplicação de multas quando ocorre caça de animais silvestres, mesmo quando para consumo das próprias famílias. Já para outra parte da comunidade, essa política conservacionista vem permitindo a coibição da atuação exploratória das madeireiras, como a empresa Madenorte, que atuava intensamente na região, provocando danos florestais e a diminuição dos animais silvestres.

A comunidade Ipiranga (Figura 1) abrange o ecossistema de várzea, fortemente sujeita à sazonalidade das cheias (janeiro a julho) e secas (agosto a dezembro) dos rios que banham a região. Dessa maneira, no período do "inverno amazônico",[3] ou tempo da cheia, como é denominado localmente, as terras se encontram submersas pelo alagamento das águas dos principais rios. Enquanto no "verão amazônico", no tempo da seca, "quando sai a terra", expressão local, as paisagens de terras não se encontram submersas.

Nas proximidades da comunidade existem extensas áreas de terra firme, localizadas nas RESEX, territórios historicamente utilizados pela comunidade Ipiranga e por seus ancestrais. Atualmente, alguns pescadores ainda utilizam as áreas de terra firme, adjacentes à comunidade, realizando arrendamento temporário para criação do gado no período de cheia, quando as águas invadem as porções de terra mais altas da várzea. Os comunitários de Ipiranga também realizam compra e troca de produtos agropecuários com as comunidades tradicionais de terra firme do entorno. Assim, há uma interessante dinâmica local de uso e de troca de produtos, além de serviços, entre os comunitários de Ipiranga e as comunidades do entorno.

---

[3] Denominamos de "inverno e verão amazônico", e destacamos entre aspas, porque na Amazônia não existem as clássicas e definidas estações do ano (inverno, outono, primavera e verão), comuns em outras regiões do país e no hemisfério norte mundial. A sazonalidade amazônica é regida pelos períodos de ocorrência ou ausência de chuva, e consequente inundação das paisagens. Essas variações provocam mudanças nas paisagens terrestres, que podem se encontrar submersas, ou emersas, além das intermediações entre esses intervalos (enchente e vazante).

Figura 1 – Sede da comunidade Ipiranga no período de cheia. Na foto o rio Guajará em período de cheia, a casa de um morador, a cozinha, o barracão e igreja da comunidade cercadas de trapiche sobre palafitas

Fonte: o autor, 2022

A comunidade Ipiranga foi estabelecida em 2 de fevereiro de 1964 por um grupo de seis pessoas, incluindo pescadores, pescadoras e um líder religioso: Maria da Graça Costa, Jacinto Costa da Silva, Manoel Moraes (Velho Bilicha), Dulce Amaral, Zeca Amaral, com as lideranças de Maria Diniz Serrão da Costa e Frei Raimundo, da antiga Prelazia do Xingu. A criação da comunidade está intimamente ligada à catequização dos ribeirinhos pela Prelazia do Xingu. Na época, os pescadores se reuniam para celebrar seus santos e santas, mas não possuíam um local fixo para essas celebrações. As missas eram realizadas nos quintais e nas casas dos fiéis. Diante dessa necessidade, o grupo, com o auxílio de Frei Raimundo, fundou a comunidade em 1964. As famílias que já residiam em Ipiranga antes da sua fundação são descendentes de indígenas, de negros ex-escravizados fugidos de fazendas de Oriximiná (segundo relatos populares) e de famílias vindas do município de Almeirim que foram para a região em busca de trabalho nos plantios de juta[4] (*Corchorus capsularis*) nas várzeas; outras são descendentes de portugueses, o que corrobora a formação histórica de nosso país.

Antes da fundação da comunidade, a região já era habitada por pescadores e trabalhadores, como os trabalhadores da juta e vaqueiros. A área onde Ipiranga foi criada pertencia ao grande latifundiário Doutor Michel, filho de Alfredo Silva, da região do rio Tamuataí (município de Prainha-PA). Após a morte de Doutor Michel, seus filhos doaram as terras aos ribeirinhos e trabalhadores das fazendas do pai, e mudaram-se para Belém, nunca mais retornando. Assim, os ribeirinhos de Ipiranga foram se estabelecendo, com casamentos comuns entre famílias, incluindo entre primos e tios.

A comunidade Ipiranga possui cerca de 60 famílias e apresenta como principal atividade econômica a pesca, sobretudo de pirarucu, e a criação de búfalos, principalmente de fêmeas para produção de leite e queijo. Atualmente, as casas na comunidade são construídas de madeira e elevadas sobre palafitas para evitar que as águas cubram o assoalho durante o período de cheias, que pode alcançar 3,5 metros no rio. As casas são circundadas por trapiches, que dão acesso a outras estruturas como o banheiro, sempre localizado na parte traseira. A maioria das residências possui uma pequena construção adicional, geralmente coberta de palha, conhecida como cozinha. Esse espaço, mais fresco, é onde as mulheres passam a maior parte do tempo, cozinhando em fogão de lenha, remendando redes e realizando outras tarefas. Poucas casas são divididas internamente, geralmente tendo apenas um quarto, com o restante do espaço aberto, onde as crianças e os filhos mais velhos dormem. A maioria das casas é rodeada por plantas.

---

[4] Introduzida em 1930 da Ásia, a plantação de juta (*Corchorus capsularis*) se tornou uma das principais atividades econômicas nas regiões de várzea do oeste do Pará, impulsionada pela indústria têxtil nacional (Veríssimo, 1970).

No ano 2000, os limites dos terrenos dos ribeirinhos foram definidos, variando em tamanho. Alguns terrenos possuem mais de 2.000 metros de frente e 500 metros de fundo, enquanto outros têm no máximo 50 metros de frente e 10 metros de fundo, e muitos não são regularizados.

Os moradores de Ipiranga usam "casco" para se locomover, uma embarcação construída a partir de um tronco de madeira sólida, motorizada com um motor de rabeta. Para viagens mais longas, utilizam barcos de madeira, medindo entre 13 e 20 metros. Alguns ribeirinhos possuem pequenas lanchas, bajaras ou canoas, construídas de tábuas de madeira.

A escola Nossa União é a única da comunidade, oferecendo as séries iniciais do ensino fundamental. O ensino médio não é lecionado na comunidade, forçando os jovens a se deslocarem para a cidade, como foi o meu caso.

A comunidade Ipiranga possui um visual típico de uma área de várzea, com as casas dispostas conforme a disposição dos rios, variando de 20 metros a vários quilômetros de distância entre si. As casas são cercadas por ilhas e poucas árvores, que estão diminuindo devido ao aumento das águas e ao prolongamento do período das cheias. As ilhas abrigam uma rica fauna, incluindo capivaras (*Hydrochoerus hydrochaeris*), macacos (*Sapajus apella*), tamanduás-bandeira (*Myrmecophaga tridactyla*), quatis (*Nasua nasua*), mucuras (*D. imperfecta*), lontras (*Mustelidae*), ciganas (*Opisthocomus hoazin*) e várias espécies de aves.

Os pescadores de Ipiranga pescam e cultivam uma diversidade de outras espécies para venda e consumo próprio. Atrás da comunidade, localiza-se um conjunto de mais de 13 lagos (Figura 2), formando um verdadeiro quintal de lagos. O Lago do Piranga, por exemplo, apresenta extenso tamanho equivalente a mais de 30 estádios de futebol, conforme estimaram moradores locais. Quando estamos situados em uma das margens do Lago do Piranga é praticamente impossível visualizar a outra extremidade.

Figura 2 – Lago do Garimpão na comunidade de Ipiranga

Fonte: o autor, 2022

    A diversidade e a quantidade de lagos na comunidade são fatores bastante favoráveis para a pesca de pirarucu, pois consistem em habitat propício para sua "criação". O termo criação, no Ipiranga, possui dois sentidos, pode estar relacionado à sobrevivência de uma determinada espécie, independentemente da interferência humana, implicando que há condições naturais propícias para que determinado animal ocorra naquele ambiente. Ainda, a comunidade utiliza a expressão "criação" para se referir aos cuidados e técnicas de manejo local informal[5] com definição de uma cota limite de extração. Assim, de maneira organizada a comunidade pode garantir a manutenção do estoque populacional de pirarucu.

---

[5] Recomendamos a leitura do artigo "Waterscapes domestication: an alternative approach for interactions among humans, animals and aquatic environments in Amazonia across time" (Prestes-Carneiro *et al.*, 2021), que apresenta a proposição do conceito "domesticação de paisagens aquáticas" como alternativa para uma compreensão mais ampla de como humanos, não humanos e animais vêm, ao longo do tempo, interagindo nos e com os diversos ambientes aquáticos. Essa reflexão pode colaborar com uma compreensão mais abrangente da noção de conservação, na medida em que dá atenção às práticas especializadas de povos, passados e contemporâneos, diretamente implicados com fauna e ambientes aquáticos.

Os pescadores de Ipiranga realizam "criação" de quelônios e peixes. Na "criação" de quelônios e do peixe acari ou cascudo (*Loricariidae*), os pescadores transferem os animais de um lago para o outro. Como exemplo, os pescadores já levaram espécimes de acari para o Lago do Munguba e filhotes de tracajás (*Podocnemis unifilis*) já foram deslocados para igarapés próximo às casas da comunidade. Dessarte, a transferência para um ambiente mais tranquilo proporciona desenvolvimento estratégico dos animais jovens. Com menor taxa de predação, os animais crescem e se reproduzem mais rapidamente.

Outra ação de manejo informal[6] é baseada nos conhecimentos locais sobre o comportamento reprodutivo do pirarucu. Nessa fase, denominada de tempo da desova pelos comunitários e defeso pelas instituições públicas de gestão ambiental,[7] os pescadores não capturam o animal adulto ovado, nem os pais com filhotes, nem os filhotes, e nem os *budecos*, como são conhecidos os pirarucus jovens, para que os pais possam criar os filhos e que os filhos cresçam, aumentando a quantidade de pirarucu:

> A gente não mata os dois peixes quando eles estão de filho, se matar os dois peixes, ele não consegue criar o filho. (Marcos Vinicius, 2021, informação verbal).

> Eu já vi, finado do Bilicha, pescador velho, nós trepado no mutá,[8] a gente viu eles lá no fundo, o jeito como se comportavam para vigiar o panelão.[9] O pirarucu choca com a bochecha dele. Ele fica só abrindo e fechando

---

[6] Existem acordos locais entre os comunitários de não comercializarem peixes oriundos do Lago do Munguba, lago situado atrás da comunidade, cerca de 70 metros longe da beira do rio. Assim, de maneira informal, a comunidade possui várias estratégias de manejo e conservação, como as citadas no corpo do texto e a manutenção de lagos de preservação, onde só realizam pescarias para consumo local.

[7] De acordo com a Instrução Normativa IBAMA n.º 34, de 18 de junho de 2004, "a captura, a comercialização e o transporte do pirarucu é proibido anualmente nos Estados do Amazonas, Pará, Acre e Amapá, no período de 1º de dezembro a 31 de maio" (Brasil, 2004). Esse período corresponde à fase reprodutiva do pirarucu.

[8] Tipo de armadilha suspensa, colocada nas árvores para o pescador/caçador esperar e avistar sua presa.

[9] Ver Figura 4 com descrição.

em cima dos ovos. O peixe sempre choca de par. Eles se revezam para não deixar a ova só para não correr o risco de outros peixes virem comer. Eles não ficam cabeça com cabeça. Quando os dois estão cheios, eles ficam rabo com cabeça, vigiando a ova. Um olhando para um lado e o outro vigiando o outro lado, daí a importância de não matar nenhum dos peixes durante o defeso. (Alexandre Silva, 2021, informação verbal).

Baseado no repertório de saberes e nas interações com os pirarucus, como veremos no capítulo a seguir, os pescadores de Ipiranga vêm desenvolvendo suas estratégias de pesca com uso de rede malhadeira, arpão e/ou anzol. As malhadeiras são utilizadas principalmente no período do inverno. Os pescadores escolhem ambientes, geralmente próximos às entradas de igarapés ou *ensiadas* (enseadas) — pequenos lagos formados por ilhas — para a disposição das redes. Antes de inserirem as redes, os pescadores preparam o local retirando os galhos de plantas, principalmente de aningas (*Montrichardia linifera*), comuns nos lagos de várzeas. Como os pirarucus costumam escolher dois ou três buracos embaixo das ilhas para moradia e a comunidade apresenta expressiva quantidade de ilhas (Figura 3), há constante realização de pescas nesses ambientes.

As ilhas[10] são constituídas por aglomerados de vegetação, como capim, e porções de terras, trazidas pela força das águas, e de outras ilhas que se desfizeram com o tempo, formando um

---

[10] Em algumas regiões da Amazônia brasileira estas ilhas são denominadas de *matupá*: "ilhas flutuantes formadas em lagos localizados em regiões de várzea da Amazônia. Essas ilhas se originam a partir de um longo processo de sucessão vegetal, o qual se inicia com a aglomeração de plantas aquáticas na superfície da água e, após certo tempo, resulta em uma camada de material orgânico parcialmente decomposto onde podem crescer ervas, arbustos e árvores. Essa camada pode chegar a 3m de espessura e a área do *matupá* pode variar de poucos metros quadrados até alguns hectares, sendo muitas vezes possível caminhar em sua superfície. Em algumas regiões é comum os habitantes das margens de lagos com *matupás* utilizarem partes da camada orgânica dessas ilhas como adubo para o cultivo em canteiros agrícolas. Segundo os ribeirinhos, o material orgânico do *matupá* é mais fértil do que o esterco de boi e é considerado um excelente adubo natural para o plantio [...]" (Freitas *et al.*, 2015a, p. 136–137). O *matupá* acompanha as flutuações do nível de água do lago (Wittmann *et al.*, 2020, p. 135) e representa habitat estratégico para os peixes, especialmente o pirarucu (Freitas *et al.*, 2015b).

ambiente capaz de flutuar. Essas ilhas também são chamadas de *boiado*, consideradas um grande aglomerado de *balufos* (vegetação e terra). Geralmente se formam ao redor dos lagos e podem medir até mais de 100 metros. Durante o verão, com o nível do rio mais baixo, as ilhas de vegetação não ficam flutuando nas paisagens aquáticas, ficam conectadas com o solo, onde podem crescer diferentes espécies vegetais; enquanto no inverno muitas ilhas flutuam e podem se deslocar movidas pelo vento ou pela força da água. Algumas ilhas ficam "sentadas", ou seja, não flutuam, permanecem fixas conectadas ao paredão de ilhas, parede de ilhas que cerca o lago, e podem estar enraizadas na terra. Quando uma ilha se "senta" nem toda a sua superfície fica submersa na água. Durante o verão, os pirarucus ficam embaixo das ilhas, e utilizam buracos para realizar respiração aérea.[11] Os buracos podem variar de tamanhos, de dois a três metros de largura, e não possuem formato bem definido.

Os pescadores se deslocam juntos para pescarem nessas ilhas. Cada pescador escolhe um buraco, onde permanece próximo, "montado" em sua canoa, aguardando a subida do pirarucu. Os pescadores podem localizar o pirarucu se alimentando embaixo da ilha, por meio do som emitido. Quando o pirarucu *buia* para respirar pode ser arpoado pelo pescador.

---

[11] Pirarucus são peixes de respiração aérea obrigatória, cuja bexiga natatória foi transformada em uma espécie de pseudopulmão, com tecido vascularizado que permite captar oxigênio do ar (Sawaya, 1946; Stokes *et al.*, 2021). Em períodos médios de 15 minutos os pirarucus emergem na superfície para realizar trocas gasosas (Castello, 2004), movimento que é conhecido como *buio*, ou boiada. É nesse momento que o pescador localiza o peixe com mais precisão e atira-lhe o arpão.

Figura 3 – Ilha na comunidade Ipiranga. Ambiente de várzea bastante utilizado para pescaria de pirarucu

Fonte: o autor, 2022

Outra forma de pescaria de pirarucu ocorre através de anzol preso em uma linha amarrada em um galho na margem do lago.[12] O tamanho da linha depende da profundidade e do ambiente onde o pescador vai colocá-la, em geral mede entre 1 a 2 braças. Nesse tipo de pescaria é usada isca viva, como o peixe *jéju* (*Hoplerythrinus unitaeniatus*), para atrair o pirarucu que fica se movimentando perto do anzol ao tentar engolir o peixe vivo e acaba sendo capturado.

---

[12] Na várzea de Santarém, Pará, existe uma técnica de pesca de pirarucu bastante semelhante, conhecida localmente como *rapazinho*, utilizada principalmente por mulheres no período da seca e vazante. O *rapazinho* é um "artefato de pesca constituído por uma extensa linha e anzol preso em uma de suas pontas, enquanto a outra extremidade é amarrada em árvores ou pedaços de madeira fixados na beira de lago" (Barboza *et al.*, 2013, p. 633).

"O pirarucu gosta de tá em local mais fechado, em buracos. Ele cava buraco para chocar. Ele sai com o filho pra comer. Ele ensina o filho a comer. O pirarucu anda em par. Cria o filho em par. Quando o pirarucu sente o homem, ele vai embora e fica bravo lá fora."

(Alexandre Silva, 2021)

"O pirarucu é peixe fino e *milindroso*, e também ensina seus filhos a pescar!"

Ilustração de Valente, Á. W. S.

CAPÍTULO 2

"O PIRARUCU É PEIXE FINO E MELINDROSO, E TAMBÉM ENSINA SEUS FILHOS A PESCAR!": TRADIÇÕES E SENTIDOS NA TRANSMISSÃO DE SABERES E TÉCNICAS NAS PESCARIAS DE PIRARUCU NA AMAZÔNIA (PRAINHA-PA)[13]

A pesca de pirarucu[14] (*Arapaima gigas*) representa relevante atividade social, cultural e econômica para muitas comunidades amazônicas, principalmente nos ecossistemas de várzeas. As várzeas são planícies caracterizadas pela inundação periódica de rios de água branca, também denominados rios barrentos em virtude de sua coloração marrom, bastante rica em sedimentos (Junk, 2000; Junk *et al.*, 2000). Pescar nos corpos d'água caracterizados por águas turvas requer saberes e técnicas complexas para localização do animal, principalmente quando se trata da pesca tradicional

---

[13] Destaco que parte deste trabalho foi apresentado no I Seminário Internacional do SAMBURÁ: Território, técnica, conhecimento e poder, realizado de 16 a 19 de novembro de 2022, evento totalmente on-line. LEITÃO-BARBOZA, Myrian Sá; BARBOZA, Roberta Sá Leitão; GAMA, Gerlan Silva da. 2022. "Pirarucu é peixe fino e melindroso e também ensina seus filhos a pescar!": sentidos e tradições na transmissão de saberes e técnicas nas pescarias de pirarucu na Amazônia (PRAINHA--PA). Disponível em: https://www.sambura.org/grupos-de-trabalho/gt1. Acesso em: 22 abr. 2023. Ressalto também que parte deste trabalho foi publicado em artigo conforme a referência: SÁ LEITÃO BARBOZA, M.; SÁ LEITÃO BARBOZA, R.; SILVA DA GAMA, G.; LOPES FERREIRA, J. C. "O PIRARUCU É PEIXE FINO E MILINDROSO, E TAMBÉM ENSINA SEUS FILHOS A PESCAR!": TRADIÇÕES E EXPERIÊNCIAS SENSORIAIS NA PESCA DE PIRARUCU NA AMAZÔNIA (PRAINHA-PA). Espaço Ameríndio, Porto Alegre, v. 16, n. 3, p. 134–163, 2022. Disponível em: https://www.seer.ufrgs.br/index.php/EspacoAmerindio/article/view/124712. Acesso em: 6 maio 2023.

[14] O pirarucu, nativo da Amazônia, é um dos maiores peixes de água doce do planeta. Quando adulto, pode medir entre 2 a 3 metros e pesar de 100 a 200kg. O nome "pirarucu" tem origem indígena da língua Tupi: "pira" significa peixe e "urucu" (urucum) significa vermelho, em referência à cor avermelhada das escamas de sua cauda durante o período reprodutivo (WWF, 2022).

de arpão. Para arpoar é preciso dominar estratégias corporais de lançamento do projétil, de equilíbrio na canoa e de força exercida para puxar o animal arpoado.

Adicionalmente, pescar exige um conjunto de conhecimentos sobre a dinâmica física do movimento do arpão nos meios aéreo e aquático, a ecologia e o comportamento dos animais (ecologia trófica, comportamento reprodutivo, padrão de deslocamento etc.), e as características dos ambientes presentes no ecossistema de várzea, relacionados à sazonalidade (nível do rio, distribuição das chuvas) e à geologia (tipo de sedimento onde o animal se encontra). Assim, a pesca de pirarucu requer um repertório multifacetado de técnicas, habilidades corporais, sentidos, sensibilidade e saberes, como já foi minuciosamente descrito por Carlos Sautchuk (2007) entre comunidades pesqueiras do Amapá.

Sautchuk e Sautchuk (2014, p. 583) ainda destacam que entre os pescadores laguistas, pescadores de lago, do Amapá, "para perceber antes [para o pescador perceber o animal] não basta conhecer o comportamento dos animais, mas deve-se entender a sensibilidade do animal sobre o comportamento do laguista". A relação entre pescador e pirarucu é crucial, já que para os pescadores o peixe percebe e sente a presença do predador, podendo ocorrer um movimento de convergência. Compreender a sensibilidade dos peixes, os quais conseguem identificar a presença dos humanos, aliado à percepção sensorial dos pescadores, que reconhecem a presença dos peixes, pode ser analisado a partir da confluência entre antropologia da técnica e antropologia dos sentidos. Para David Le Breton (2016, p. 14), as sociedades humanas realizam a percepção sensorial não apenas pelos mecanismos fisiológicos, como também por meio de ensinamentos culturais. Assim, baseado nas experiências e referências socioculturais, a percepção sensorial permite a comunicação entre mundos, como é debatido na antropologia dos sentidos:

> A antropologia dos sentidos repousa sobre a ideia de que as percepções sensoriais não dependem somente de uma fisiologia, mas em primeiro lugar

> de uma orientação cultural deixando uma margem à sensibilidade individual. As percepções sensoriais formam um prisma de significações sobre o mundo, mas elas são modeladas pela educação e utilizadas segundo a história pessoal. Numa mesma comunidade elas variam de um indivíduo ao outro, mas basicamente se acordam sobre o essencial [...]. As atividades perceptivas a todo instante decodificam o mundo circunstante e o transformam em um tecido familiar, coerente, mesmo se ele impressiona às vezes por contatos inesperados. O homem [ser humano] vê, ouve, sente, saboreia, toca, experimenta, a temperatura ambiente, percebe o murmúrio interior de seu corpo, e assim, faz do mundo uma medida de sua experiência, o torna comunicável aos outros, imersos como ele no mesmo centro de referências sociais e culturais. (Le Breton, 2016, p. 14).

Considerando os sentidos na perspectiva do trabalho pesqueiro, Cristiano Ramalho (2011, p. 315) indica que esse trabalho "inscreve-se e se constrói no uso do corpo, na educação do saber sensível humano, expressando-se, ao longo dos anos, no apuro e refinamento de alguns sentidos para que os pescadores exerçam sua atividade com qualidade nas águas dos rios, estuários e/ou mar". O pesquisador supracitado traz elementos importantes para compreensão da atividade de pescadores, a partir do uso do corpo, dos sentidos, e de seu refinamento.

Oliveira *et al.* (2022) descrevem os processos de aprendizagem que levam crianças ribeirinhas a se formarem pescadoras. O desenvolvimento de habilidades nos jovens pescadores acontece por meio de sua participação em uma comunidade de práticas (Lave; Wenger, 1991). No caso das crianças ribeirinhas, a participação começa tão logo elas passam a acompanhar algum parente mais velho nas pescarias, que mostra como se usam diferentes apetrechos e se pescam diferentes espécies de peixes. Os novatos observam o que se passa e realizam pequenas tarefas, como carregar remos e tirar água da canoa (Oliveira *et al.*, 2022). As pequenas tarefas realizadas e as orientações dadas pelos "professores" são ações de educação da atenção (Ingold, 2010) dos novatos, que desenvolvem os sentidos e as funções motoras para manipular os apetrechos de pesca e perceber os sinais de peixes na água.

Considerando esses elementos e todo o repertório de saberes e métodos empregados nas pescarias de pirarucu, proponho neste capítulo descrever e discutir procedimentos técnicos refletidos a partir de algumas proposições de Marcel Mauss sobre as técnicas do corpo. Para Mauss ([1934] 2004), a técnica é um ato tradicional eficaz, transmitido geracionalmente, que não difere do ato mágico, religioso e simbólico. Assim, existem crenças, forças mágicas e simbólicas permeadas nos atos técnicos:

> Chamo de técnica um ato *tradicional eficaz* (e vejam que, nisto, não difere do ato mágico, religioso, simbólico). É preciso que seja *tradicional* e *eficaz*. Não há técnica e tampouco transmissão se não há tradição. É nisso que o homem [ser humano] se distingue sobretudo dos animais: pela transmissão de suas técnicas e muito provavelmente por sua transmissão oral. (Mauss, 1934, p. 217).

No entanto, destaco que a ponderação de Marcel Mauss quanto à distinção entre humanos e animais, baseada na incapacidade animal de transmissão das técnicas, é entendida de forma contrária na ontologia ribeirinha. Na narrativa dos pescadores da comunidade Ipiranga, do rio Guajará, localizada no município de Prainha, região do oeste do Pará, os pirarucus adultos transmitem intencionalmente suas técnicas nas orientações de ensino-aprendizagem aos jovens. Assim, inspiradas nas cosmologias nativas, trago reflexões preliminares sobre a possibilidade dos pirarucus adultos investirem no ensinamento de técnicas para seus filhotes, como técnicas de procura por alimentos e de fuga para que aprendam a identificar, localizar e "pescar" suas presas, como também reconheçam seus predadores e possam escapar.

As técnicas são formas eficazes de ação que produzem efeitos nas pessoas e nos ambientes, produzindo novos ambientes resultantes dessas interações. Nas relações técnicas com os peixes e nos ambientes de lagos, por meio do sistema formal de manejo, os pescadores da Reserva de Desenvolvimento Sustentável (RDS) Mamirauá relatam que os pirarucus percebem as estratégias de proteção desse sistema e preferem os lagos protegidos, chegando a mudar seu comportamento, se tornando menos "brabos", se "amansam", e podem se aproximar dos pescadores (Ferreira, 2022). Assim, os pirarucus têm preferência pelos lagos protegidos pelos pescadores.

Pretendo, neste texto, compreender as interações entre pessoas, ambientes, animais, objetos e encantados, a partir de princípios sociais e culturais, não apenas baseados no funcionamento dos processos técnicos em si, mas seguindo uma abordagem processualista conforme defende Fábio Mura (2011).

2.1 Como tornar-se pescador de pirarucu? Relações familiares e experiências sensoriais nos processos técnicos de ensino e aprendizagem da pescaria de pirarucu

De acordo com os pescadores de Ipiranga, o aprendizado sobre a pescaria de pirarucu é resultado do dom de Deus e repassado aos mais antigos, sendo a técnica aprimorada com o passar do tempo para proporcionar maior agilidade e eficácia na captura. Na comunidade Ipiranga um pescador não nasce pescador, ele torna-se um pescador, assim ocorre a constituição do pescador, que é construída ao longo do tempo. Nesse sentido, "a constituição da pessoa não deixa de ser também resultado da própria atividade prática" (Sautchuk, 2007, p. 254). Ainda sob essa perspectiva, acreditamos que a vivência no mundo das águas, a partir da atividade pesqueira cotidiana, é responsável por tornar-se um pescador, cuja constituição implica ainda as experiências sensoriais corporais.

Sobre a aprendizagem do pescador, Ramalho (2011, p. 317) explica que esse processo configura-se como uma elaboração contínua permeada pela socialização de saberes entre diferentes gerações e a partir da relação com o próprio corpo e suas experiências sensoriais.

O corpo é território de aprendizado por meio de experiências sensitivas nos diversos ambientes onde é posto:

> Fazer-se pescador é, gradativamente, adquirir consciência cada vez mais sofisticada do próprio corpo, de suas possibilidades de aprimoramento, de autocriação. O refinamento cognitivo conecta-se ao próprio refinamento sensitivo, e este àquele — saber sensível que é, ao mesmo tempo, saber intelectual, imaginativo, embora singularidades entre eles sobrevivam sem se opor. Na realidade, tais saberes celebram aproximações e são indissolúveis. Isso tudo ganha mais força pelo fato de ser o pescador uma espécie de artífice, um artesão do mundo aquático. O corpo é o território sobre o qual ele se torna pescador, sendo inescapável aos homens que voltam seu trabalho para o setor pesqueiro. (Ramalho, 2011, p. 317).

Compreender como ocorre o processo de socialização de saberes é um aspecto importante de ser analisado no tornar-se pescador. Edna Alencar (1991, p. 123) ressalta que é pela socialização, a partir de sua família, que a criança cria referências, "interioriza os papéis a serem desempenhados no universo social e constrói as referências das identidades de gênero". Na mesma linha, Carlos Sautchuk (2015) apresenta elementos etnográficos para argumentar que a aprendizagem na pesca é um processo simultâneo de gênese da pessoa e de um sistema de relações, que envolve o corpo do pescador, os instrumentos de pesca, os peixes em um ambiente aquático. A aprendizagem é um sistema complexo em que o novato acompanha pescadores mais experientes e, paulatinamente, reproduz, por imitação, as ações principais do ofício, elaborando por si só suas habilidades no trato com instrumentos e presas.

Sob esse entendimento, verificamos que atualmente, na comunidade Ipiranga, os jovens são introduzidos na pesca desde cedo. Os pescadores mais velhos contam histórias de pescarias e das características das espécies, o que constitui uma parte importante do processo de aprendizagem para as crianças. A aprendizagem faz parte da cultura, do que é vivenciado no dia a dia do pescador, que geralmente é repassado por alguém com maior vivência, conhecimento e prática nas atividades, como os pais, principais responsáveis pela educação do filho na arte de capturar o peixe, ensinando de forma detalhada.

O pai é responsável por atiçar os sentidos do filho para que percebam as marcas deixadas pelos peixes na vegetação, no solo e na água. Atiçar consiste em estimular os sentidos, principalmente a observação visual e a sensibilidade auditiva voltada para os comportamentos da fauna local. Nos sistemas de educação tradicional, como verificamos frequentemente nas narrativas dos pescadores, para além da visão, ocorre investimento no aprimoramento da percepção auditiva. Comparando as ações de cada órgão sensorial humano, Le Breton (2016) considera a dinâmica do escutar como uma das mais complexas, pois depende da durabilidade do som emitido. Apesar da complexidade temporal, o autor atribui as qualidades de especificidade e de sensibilidade inerentes à audição que permitem requinte único no que é percebido sonoramente:

> O ouvido não tem a maleabilidade do tato ou da visão, nem os recursos da exploração do espaço; [...]. O som é mais enigmático que a imagem já que ele se dá no tempo e no fugaz, aí onde a visão permanece impassível e explorável. Para identificá-lo é necessário permanecer na escuta, e ele não se renova permanentemente, e desaparece no exato instante em que é ouvido. (Le Breton, 2016, p. 130).

A audição penetra para além do olhar, ela imprime um relevo aos contornos dos acontecimentos, povoa o mundo com uma soma inesgotável de presenças, habita as existências defraudadas. Ela sinaliza o sussurro das coisas aí aonde nada seria decifrável outramente. Ela traduz a espessura sensível do mundo aí aonde o olhar se satisfez com a superfície e passou adiante sem desconfiar das vibrantes insinuações que a sua coloração dissimulava. O som, assim como o odor, revela o que está para além das aparências, forçando as coisas a testemunharem suas presenças inacessíveis ao ouvido. Se a visão é uma sujeição à superfície, a audição desconhece estas fronteiras: seu limite é o audível. (Le Breton, 2016, p. 133).

No caso do pirarucu, a biologia e a ecologia comportamental do animal são detalhadamente observadas e sentidas pelos pescadores; a exemplo, os rastros deixados pelo animal, como a "ninhada", o local onde o animal "choca" seus ovos. O pescador reconhece a superfície onde os ovos do pirarucu foram depositados. Na comunidade Ipiranga e na RDS Mamirauá os pescadores denominam a marca da ninhada de *panelão* (Figura 4).

Figura 4 – "Ninhada" de pirarucu, denominada de *panelão*, encontrada no período do verão por pescadores manejadores de pirarucu da RDS Mamirauá

A) Marca da ninhada em solo coberto por gramínea;

Fonte: José Cândido Ferreira, 2017

B) Marca da ninhada em solo lamacento descoberto, sem vegetação

Fonte: José Cândido Ferreira, 2017

No relato do pescador Alexandre Silva, constatamos a narrativa sobre a constituição de um pescador por meio dos ensinamentos do pai, relacionada às orientações sobre a percepção aguçada dos sons[15] — rouco, pesado ou espalhafatoso — característicos de cada animal quando boia, e que permitem sua identificação em nível de espécie, tamanho corporal e o microambiente onde o animal emerge para realizar a respiração aérea:

> Primeiro que eu pescava com meu pai desde a idade de 10 anos, aí meu pai me levava. Ele me ensinava quando o peixe buiava, a calcular o tamanho do peixe. A gente pescava o peixe, e quando capturava, o papai falava como ele sabia o tamanho e onde o peixe buiava. **Por exemplo, quando um peixe grande buia, a zuada é mais rouca, tipo é muito pesada, já o peixe**

---

[15] Em comunidades quilombolas do rio Trombetas, município de Oriximiná, Pará, o antropólogo Igor Alexandre Badolato Scaramuzzi verificou que os coletores de castanhas ensinam os filhos a identificar e diferenciar o som que o ouriço da castanha faz ao cair sobre o solo (Scaramuzzi, 2016).

pequeno é mais espalhafatoso, faz um barulho mais em cima da água. (Alexandre Silva, 2021, informação verbal, grifo nosso).

Na RDS Mamirauá, os pescadores reconhecem o tipo de voz de cada pirarucu — *budeco* (jovem com voz mais fina) ou adulto (voz "mais grande" e grossa) — e distinguem três tipos de boiadas — mansa, braba e dobrada — conforme o tipo de barulho emitido pelo animal ao boiar (Ferreira, 2022). Da mesma forma como em Ipiranga, os pescadores de Mamirauá identificam em nível de espécie, tamanho corporal do indivíduo e o tipo de ambiente onde este se encontra, conforme o tipo de boiada. Também relatam que há uma tendência do indivíduo boiar no mesmo local (Ferreira, 2022). No geral, os pirarucus possuem fidelidade[16] a uma determinada área (Campos-Silva *et al.*, 2019), saindo apenas quando ocorre muita perturbação. Cientes desse comportamento, os pescadores de Ipixuna do Tapará (Baixo Amazonas) proíbem uso de rabeta nos lagos de proteção para evitar que os pirarucus saiam desses ambientes (Poliane Batista, informação verbal, maio de 2022).

Na comunidade Ipiranga também foi relatado reconhecimento dos peixes segundo o tipo de borbulha emitida por eles. Há uma fase em que os pescadores verificam "engrossamento da água", quando o peixe *sai de aiua* ou *tremendo água*, que consiste, no caso do tambaqui (*Colossoma macropomum*), no aumento da espessura do lábio inferior, que "fica com os beiços as amostra em cima da água", para captar oxigênio da lâmina d'água (Val; Oliveira, 2021). Nessas condições, os pescadores conseguem determinar o tamanho do peixe e identificar a espécie, como curimatã (*Prochilodus lineatus*), macacos-d'água (*Osteoglossum bicirrhosum*), acará-açu (*Astronotus ocellatus*), pacu (*Mylossoma* spp., *Myleus* spp.), pirapitinga (*Piaractus brachypomus*), tucunaré (*Cichlas* spp.), entre outros:

---

[16] No estudo de etnoictiologia desenvolvido com pescadores de Manaus e Manacapuru, Amazonas, estes explicam que o pirarucu apenas se desloca entre lagos no período de enchente e cheia para realização da desova, por isso é considerado espécie sedentária, o que também já foi descrito por biólogos (Queiroz, 2000 *apud* Galvão de Lima; Batista, 2012).

> *Quando chega o período do inverno a água enche e lava os campos e inunda as ilhas que estão nas beiras dos lagos. Chega nos poços de água parada, quando vem se aproximando o verão que a água começa a baixar, a água começa a voltar, ela fica grossa, solta um cheiro típico e engrossa. A cor esbranquiçada fica preta, consequentemente os peixes ficam cansados e a respiração deles parece ficar mais difícil, então alguns morrem, esse fenômeno é chamado de caída d'água. Nesse tempo, os peixes começam a tremer água com bastante intensidade, é época que os pescadores usam a flecha e o arco para capturá-los.* (Alexandre Silva, 2022, informação verbal).

Na fala a seguir, do pescador Marcos Vinícius, também é perceptível o papel do seu pai, experiente pescador de pirarucu, no ensinamento de conhecimentos e orientações detalhadas sobre o aperfeiçoamento dos sentidos, especialmente visual e auditivo, como estratégia para identificação e localização dos animais:

> *Quando eu me entendi, meu pai já pescava, eu via ele arrumar a canoa dele para ir pescar. Meu pai era um bom pescador, ele matava bastante pirarucu. Quando eu fiquei maiorzinho, eu já ia com ele colocar a malhadeira. Papai sempre falava:*
>
> *— Presta atenção que tu vai ouvir ele buiar.*
>
> *Eu ficava quieto, mas não ouvia nada, aí meu pai falava:*
>
> *— **Ouviu o peixe comendo? Tem peixe aqui. A gente aprende vendo, a gente tá vendo tudo isso acontecer.*** (Marcos Vinicius, 2021, informação verbal, grifo nosso).

Os pirarucus, conforme afirmaram os pescadores do Ipiranga, se alimentam de frutas e animais, como vermes, insetos, moluscos, crustáceos, peixes, anfíbios e répteis.[17] Segundo o pescador Alexandre Silva, o pirarucu possui duas formas de se alimentar: "embaixo da água" e "em cima da água". Nesses diferentes ambientes, aéreo e aquático, os pirarucus emitem sons diferenciados enquanto mastigam, que são reconhecidos pelos pescadores e auxiliam na sua localização. Além de emitirem sons diferenciados, de acordo com o ambiente, os pirarucus provocam ondas na água que são percebidas pelos pescadores. Assim, os pescadores reconhecem a movimentação na água e no ar, e no tipo de ambiente (pântano, aningal, buraco etc.) onde o pirarucu se encontra:

> *Sei como ele come, tem duas formas dele se alimentar, uma é embaixo da água, outra é em cima da água. Quando ele come embaixo da água, ele* mundia [ato de provocar ondas na água]. *O peixe faz* thu *quando pega o peixe. Já em cima da água ele faz um estalo parecido com um tiro e aí a gente ouve longe. Quando a gente tá no lago, sai na canoa devagar, às vezes ele* buia *na beira do lago ou quando tem muito pântano, no buraco* (Alexandre Silva, 2021, informação verbal).

No processo de socialização em Ipiranga, o pai trata de esclarecer as minúcias dos saberes aos seus filhos. A aprendizagem das técnicas de localização, reconhecimento e captura do pirarucu ocorre por meio das observações empíricas, do contato direto, do acompanhamento e da participação no dia a dia dos familiares pescadores. Os pescadores mais experientes ensinam as crianças a reconhecerem com detalhes os comportamentos do pirarucu por meio da observação direta do peixe em seu habitat. Nessas práticas de observação atenta, também se estimula a percepção de cada ruído, seja durante a movimentação aquática ou aérea, seja

---

[17] Para os pescadores de Manaus e Manacapuru, Amazonas, o pirarucu possui dieta diversificada, sendo peixe e camarão a base alimentar (Galvão de Lima; Batista, 2012). A literatura científica aponta dieta baseada em vertebrados e invertebrados (Queiroz, 2000 *apud* Galvão de Lima; Batista, 2012), com elevado índice no consumo de insetos (*Coleoptera, Diptera, Odonata* e *Hemiptera*), microcrustáceos, macrocrustáceos (caranguejo, *Sylviocarcinus pictus* e *Dilocarcinus pagei*, e camarão, *Macrobrachium amazonicum*) e gastrópodes pelos pirarucus jovens, com eventual consumo de vegetais (pequenos brotos, algumas sementes e flores, fragmentos de macrófitas aquáticas como *Eichhornia* sp.) (Oliveira *et al.*, 2000 *apud* Galvão de Lima; Batista, 2012).

durante o mastigar do animal, seja no barulho emitido durante a respiração no *buiar*. Ocorre, de certa forma, um treinamento para percepção aguçada do comportamento realizado pelo animal. Assim, nas tradições de ensino da forma das técnicas, os mais velhos têm papel fundamental para incentivar os mais jovens a treinar e praticar os "modos", os "jeitos", as "maneiras", conforme descreve Mauss ([1934] 2004), de perceber, localizar e capturar os peixes. São empreendidos esforços de educação não formal, orientação técnica calcada na oralidade, na percepção sensitiva, na observação e na prática, de forma divergente do universo da educação formal.

    Carlos Sautchuk (2007, p. 26; 2013, p. 504) explica que para o filho de pescador tornar-se "ele mesmo arpoador" na pesca do pirarucu no Amapá, e "abandonar a canoa do pai", ele passa por um longo processo de interação. Dinâmica que envolve toda a infância e juventude e que, além de estimular meticulosa e aprimorada percepção sensorial, inclui técnicas de mimetização do comportamento do pai. Em outros estudos realizados junto a comunidades tradicionais amazônicas (Barboza, 2012; Oliveira *et al.*, 2022), também verificamos forte relação de aprendizado aliado à experiência prática, sendo geralmente os pais e avós (homens) os principais responsáveis pelo processo de ensino-aprendizagem aos seus filhos nas pescarias. Na comunidade Ilha de São Miguel, situada na várzea do Baixo Amazonas (município de Santarém), as mulheres também realizam pescarias de pirarucu com arpão e com *rapazinho* (Barboza *et al.*, 2013), possuindo papel preponderante nos ensinamentos aos filhos (Pescadora Dona Conci, informação verbal, novembro de 2019).

    Nas comunidades tradicionais ribeirinhas, indígenas, quilombolas, de Terreiros, entre outras, ocorre o exercício das experiências práticas como dinâmica essencial do sistema de ensino-aprendizagem. O intelectual quilombola Antônio Nego Bispo dos Santos (2019) define como "saberes orgânicos de vivências", próprios dessas comunidades e essenciais no processo de aprimoramento da aprendizagem. Na aprendizagem prática os sentidos são impulsionados para atuarem como orientação técnica.

2.2 "O pirarucu é peixe fino e *milindroso*, e também ensina seus filhos a pescar!": ensinamentos de saberes e técnicas entre os pirarucus

No Ipiranga, o pirarucu é conhecido por ser um "peixe fino", *milindroso* e que pensa, ou seja, um peixe inteligente e sensível, capaz de observar o comportamento humano e perceber situações de perigo. *Melindroso* é um termo bastante utilizado pelos moradores de Ipiranga para se referir à sensibilidade do pirarucu, considerado um peixe muito sensível aos movimentos dos pescadores e capaz de perceber a presença de um pescador inexperiente. Em relação à inteligência, para os pescadores o pirarucu gosta de viver em lugares mais fechados e pantanosos, como buracos, evitando permanecer em ambientes abertos, onde certamente ficaria mais exposto e suscetível a ser capturado por seus predadores[18].

O termo *melindroso* também assume outros sentidos e pode se referir a qualidade de delicadeza quando utilizado no contexto vegetal. As mulheres do Ipiranga, por exemplo, denominam uma planta de *milindrosa* quando esta necessita de muitos cuidados. Assim, deve-se evitar que pessoas com energias pesadas ou de "olho gordo" tenham contato com essas plantas. No Ituqui, Santarém, Pará, o termo *melindroso* pode ser usado em relação à pescaria. Os pescadores definem a pesca de pirarucu como *melindrosa*, pois "implica muita paciência e habilidades altamente refinadas" (Murrieta, 2001, p. 121). É importante destacar ainda que em

---

[18] Para pescadores de Manaus e Manacapuru, Amazonas, outros peixes consistem nos principais predadores de filhotes de pirarucu, enquanto os jovens eram predados principalmente por jacaré (*Melanosuchus Niiger*) (Galvão de Lima; Batista, 2012). Estudos científicos também apontam aves (*Anhinga anhinga*, *Ceryle torquata* e *Phalacrocorax brasilianus*) e jacarés (*Caiman yacare*) como predadores de jovens pirarucus, e diversas espécies de peixes como a piranha (*Serrassamus* spp.) e o jeju (*Hopterythrinus* sp.), e ocasionalmente tucunaré (*Cichla monoculus*) e acará-açu (*Astronotus ocellatus*) como predadores de filhotes de pirarucu (Neves, 2000; Mikdalski, 1957 *apud* Galvão de Lima; Batista, 2012).

algumas situações no Ipiranga o termo pescaria *melindrosa* pode se referir à complexidade da captura do pirarucu, que vai para além do domínio da técnica e da habilidade do pescador. Pode corresponder à sorte e às incertezas quanto ao sucesso da atividade, pois nem todos os dias ocorre a captura do animal.

Nas narrativas dos pescadores e de suas esposas foi muito frequente a compreensão do pirarucu como peixe perspicaz, astuto e habilidoso, que consegue pensar, repassar o aprendizado aos seus filhotes e sentir a presença dos humanos pelo cheiro, principalmente quando estes encontram-se *panema*[19]:

> *O pirarucu é um peixe fino porque ele sabe das coisas, o pirarucu ele sente o homem, e também é ensinado.* **Os antigos que falavam isso, o pirarucu ele pensa também, por isso que o homem tem que tá limpo quando vai para a pesca. Diz que quando o homem tá panema o peixe sente o cheiro dele.** (Joana Barros, 2022, informação verbal, grifo nosso).

> *O pirarucu gosta de tá em local mais fechado, em buracos. Ele cava buraco para chocar. Ele sai com o filho pra comer. Ele ensina o filho a comer. O pirarucu anda em par. Cria o filho em par.* **Quando o pirarucu sente o homem, ele vai embora e fica bravo lá fora.** (Alexandre Silva, 2021, informação verbal, grifo nosso).

Em Ipiranga, se o pescador não for experiente, não souber se comportar no lago, como falar alto, ou bater canoa quando for remar, o pirarucu logo perceberá sua presença no ambiente e rapidamente vai procurar um lugar seguro para se refugiar. Além disso, se o pirarucu percebe onde o pescador colocou a rede, ele não passará no local até a malhadeira ser desarmada ou retirada. O pirarucu é um agente de vontade própria, possuindo inteligência e capaz de reagir às investidas do pescador, tornando o processo

---

[19] A categoria *panema* é utilizada para descrever a qualidade de insucesso na pescaria, quando o pescador não consegue capturar pirarucus em subsequentes atividades de pescaria (Leitão-Barboza *et al.*, 2022).

de pesca ainda mais desafiador. O termo *velhaco* também é empregado em Ipiranga para adjetivar a condição do peixe de conseguir fugir ou se esconder ao perceber a presença humana, e nos revela uma ontologia ribeirinha própria que considera animais seres inteligentes, como também foi verificado por Murrieta (2001) e Alencar e Souza (2017):

> *O peixe fica **velhaco** quando a gente pega muito eles em um mesmo lugar, às vezes aquele peixe escapou da rede do pescador, essa garotada também faz muito barulho, então eles se escondem da gente.* (Alexandre Silva, 2021, informação verbal, grifo nosso).

> Agora com tanta malhadeira, ele [o pirarucu] ficou **velhaco**, ele não bóia mais perto da gente. Agora ele bóia, mas é longe. (Murrieta, 2001, p. 122, grifo nosso).

> Na pesca de pirarucus a interação entre pescadores e peixes [...] configura uma situação onde o pescador atribui ou projeta no animal certas características que são associadas aos humanos, como dizer que o pirarucu "é **velhaco**", porque consegue escapar das armadilhas ou porque engana o pescador; dizer que ele "é pávulo" quando faz certos movimentos para chamar a atenção do pescador; ou fica "valente" quando se sente acuado e demora mais tempo para subir à superfície para respirar. (Alencar; Souza, 2017, p. 59, grifo nosso).

Esses elementos cruciais da faculdade e aptidão humana[20] — do ponto de vista ocidental — são atribuídos como característicos ao pirarucu pela comunidade Ipiranga e várias outras comunidades pesqueiras amazônicas. A capacidade de inteligência do pirarucu, também denominado como peixe fino entre os pescadores

---

[20] O etnógrafo Eduardo Viveiros de Castro, em sua teoria do perspectivismo ameríndio, alega que entre as populações ameríndias das terras baixas sul-americanas existem agências não humanas que possuem intencionalidade análoga à dos humanos. Assim, os animais se vestem com "roupas" de animais para esconder sua agência humana aos humanos, mas se veem entre si como pessoas. Apenas os humanos xamãs conseguem visualizá-los como humanos (Viveiros de Castro, 1998).

do Amapá, é debatida nos trabalhos de Carlos Sautchuk, pois se trata de um "peixe que dá mostras de refinada inteligência e cuja captura envolve estratégia e interação" (Sautchuk, 2007, p. 105). Murrieta (2001) também observou que os pescadores de Ituqui atribuem um caráter humano aos pirarucus, considerado um ser inteligente, com capacidade de pensar:

> A beleza das capturas bem sucedidas parecia estar diretamente relacionada com o nível de dificuldade e a disposição de luta do peixe. Muitos pescadores, especialmente os mais velhos, não hesitavam em dizer que o pirarucu aprendia e pensava. Eles normalmente descreviam seu comportamento como cuidadoso e inteligente. O papel dos machos na reprodução, eles cuidavam de seus filhotes por um longo período de tempo, e o comportamento suspeito das fêmeas — espirituosamente chamados por eles de "velhaco" — davam a este animal um bizarro "caráter humano" que parecia confundir e deleitar muitos de meus informantes. Tal percepção humanizada é clara quando os pescadores referem-se ao animal usando um vocativo. Então, ao invés de pirarucus (referente ao tipo ou espécie), dizem "o pirarucu", seguindo uma personificação efetiva que transforma o animal em um ator, um interlocutor ativo, um ser com vontade, "inteligência" e "emoções". (Murrieta, 2001, p. 122-123).

A capacidade de perceber o humano pelo olfato, exemplificada pelo cheiro característico do *panema*[21], permite ao pirarucu localizar o humano, se distanciar e inclusive ficar raivoso, ou seja, apresentar comportamento de raiva. Da mesma forma como os pescadores de pirarucu do Ipiranga ensinam seus filhos a pescar, os pirarucus também desenvolvem essa habilidade. Conforme relatado anteriormente pelo pescador Alexandre Silva, o pirarucu sai com os filhos em busca de alimento e consequentemente ensina os

---

[21] Leonardo Braga (2021, p. 3), ao estudar o estado *panema* a partir da perspectiva dos Zo'é, observou que o caçador nessa condição apresenta um cheiro "que permite que a caça o perceba e fuja".

filhotes a capturar suas presas. Na fala de Joana Barros também foi relatado que o pirarucu é ensinado a perceber a presença humana.

Os pescadores da RDS Mamirauá afirmam que os pirarucus conseguem reconhecer seres humanos ou animais, como jacarés, que se aproximam deles, por meio da identificação da cor que cada corpo apresenta (Ferreira, 2022). Carlos Sautchuk (2007, p. 88) utiliza a expressão *affordances* em referência ao engajamento perceptivo que o animal realiza "pelas *affordances* que se dão na sua relação com o ambiente". Assim, para Sautchuk (2007, p. 89) "a existência do laguista [pescador de pirarucus de lagos] no espaço extrapola as fronteiras de seu corpo físico, configurando-se em seu potencial interativo, na extensão de suas capacidades de percepção e ação".

Considerando a cosmologia local ribeirinha, quanto aos ensinamentos de saberes das formas técnicas entre pirarucus, propomos os seguintes questionamentos: os pirarucus adultos também investem na orientação de técnicas aos filhotes? Seja na orientação de técnicas de procura por alimentos para que seus filhotes aprendam a identificar, localizar e "pescar" suas presas? Seja na orientação de técnicas de percepção da presença de predadores? As narrativas apresentadas aqui nos trazem importantes reflexões sobre a ontologia ribeirinha e como as comunidades tradicionais percebem as relações de aprendizados entre os animais e a interação com outros seres. Trazemos aqui provocações preliminares que precisam ser aprofundadas e debatidas.

No campo da biologia, pesquisas sobre comportamento demonstram que os peixes também possuem capacidade de aprendizagem social, ou seja, "os indivíduos adquirem novos comportamentos, ou informações, sobre seu ambiente por meio da observação, ou interação, com outros animais" (Brown; Laland, 2003, p. 280-281). Em estudo de revisão de literatura sobre a aprendizagem social entre os peixes, Brown e Laland (2003) constataram aumento das investigações que certificam a prática de aprendizagem social entre os peixes, atuando principalmente nas estratégias comportamentais de antipredação, migração e orientação, forrageamento (procura por alimentos), seleção de parceiro, e espionagem. Para as estratégias de antipredação, esses autores alegam que, por meio do sistema de visão e da linha lateral,[22] os peixes estão particularmente bem equipados para uma rápida transferência de informações, sendo que para além da aprendizagem social, simplesmente por meio da comunicação, peixes jovens e inexperientes aprendem a identificar seus predadores, adquirir respostas antipredadoras apropriadas ou refinar essas respostas (Brown; Laland, 2003, p. 282).

Em relação às estratégias de forrageamento, há hipóteses de que indivíduos de algumas espécies conseguem enviar mensagens para outros indivíduos informando a presença de presas, sendo o conhecimento dessa informação utilizado como procedimento de aprendizagem para localização do alimento (Brown; Laland, 2003, p. 284). Pesquisas realizadas com pirarucus em cativeiros indicam o olfato como sentido primordial utilizado para busca de alimentos (Imbiriba, 2001), como também a visão e a percepção das vibrações sonoras por meio da linha lateral (Carreiro, 2012, p. 119). Aliando os conhecimentos dos pescadores aos conhecimentos científicos, podemos realizar reflexões mais amplas sobre a potencialidade de compreender os processos de aprendizagem social entre os animais.

No que diz respeito à relação dos pirarucus com os seres encantados, os comunitários nos revelaram que "o pirarucu é um receptáculo de encantados, pois pode habitar o espírito de um encantado". Muitas vezes era comum os pescadores encontrarem pirarucus encantados que de fato "se colocavam na frente deles

---

[22] A linha lateral é um órgão sensorial presente em espécies de peixes e anfíbios que auxilia na orientação dos animais, como na detecção de gradientes de pressão e movimentos na água gerados por potenciais presas, predadores ou afins, permitindo forrageamento, fuga, ou a procura de parceiros para acasalamento (Kasumyan, 2003). Bleckmann e Zelick (2009, p. 15) verificaram uma série de pesquisas indicando "evidências de que os peixes usam informações hidrodinâmicas para detecção de presas, desvio de predadores, comunicação intraespecífica, ensinamentos, constatação de objetos, entretenimento e reotaxia (capacidade de se movimentar em sentido contrário das correntes de água)".

na forma de pirarucu", mas podiam aparecer na forma de outros animais, como jacaré. Assim, esse ser encantado possui a capacidade de aparecer na forma de vários animais para "brincar" com os pescadores:

> *Papai disse que às vezes tem, né, eles encontram aqueles que são muito fáceis, parece que é fáceis de conseguir pegar, né. E eles se colocam na frente deles como ele disse que antes eles se colocam na frente deles na forma de pirarucu. E eles brincavam muito com ele. E ele disse que eles iam assim atrás daquele encanto deles pensando que fosse mesmo. E depois quando eles mergulhavam pro fundo do mar, aí eles buiavam de outra forma, buiavam como jacaré, como outro peixe, né, e não vinham mais como pirarucu. Então eles achavam que era algum pirarucu encantado que se transformava em vários bichos do rio e do lago.* (Marilene Barros, 2022, informação verbal).

Para o antropólogo paraense Raymundo Heraldo Maués, os encantados são pessoas comuns que por meio da encantaria vão para outro mundo espiritual encantado (subaquático ou das matas), mas que não passam pelo processo de morte física de seu corpo. Assim, os encantados são pessoas que não morrem, mas passam a morar em outra dimensão da natureza (Maués, 1995, 1990). A capacidade de encantaria vem sendo observada entre diferentes povos da Amazônia, e também foi observada nos relatos em Ipiranga pelos pescadores de pirarucu e suas esposas. Para o presente texto apresentamos de maneira muito preliminar a capacidade de encantaria do pirarucu, sendo necessárias investigações etnográficas de maior fôlego conectadas ao debate teórico desse tema.

2.3 Considerações preliminares: técnicas e transmissão de saberes entre humanos e não humanos

Observo que as técnicas de captura do pirarucu são assimiladas pelos filhos dos pescadores no dia a dia. É na vivência, no ir ao lago com o pai, no observar e treinar os ouvidos para perceber o animal, no notar o buiar, as marcas na vegetação, entre outras ações, que se constrói o pescador. Por isso, os pescadores de Ipiranga dizem que um pescador não nasce pescador, mas se transforma em pescador, devido a esse processo, até que o jovem possa ir sozinho realizar o seu marisco. Nesse sentido, percebo que a aprendizagem das técnicas de pesca está sempre relacionada à tutoria de um pescador mais velho, seja o pai, o avô ou até mesmo um tio. Assim, são empreendidos esforços de educação não formal e orientação técnica, por meio da fala, da percepção sensitiva, da observação e da prática. Esse processo difere do universo da educação formal, que, na maioria das vezes, enfatiza a visão e a teoria, oferecendo pouca experiência empírica e prática.

Além disso, observei que, nas narrativas dos pescadores, os pirarucus também promovem o repasse de conhecimento para os seus filhotes, pois os pirarucus adultos investem no ensinamento de técnicas para seus filhotes, como técnicas de alimentação e de fuga para que aprendam a identificar, localizar e "pescar" suas presas, como também reconheçam seus predadores e possam escapar. Assim, o peixe possui inteligência para perceber as investidas dos pescadores, reconhecendo sua chegada no lago, suas marcas ao colocar a rede no caminho do peixe, sentir a presença dos humanos pelo cheiro, principalmente quando estes encontram-se *panema*. Nesse sentido, o pirarucu é um agente de vontade própria, que mantém uma relação de socialização com o pescador e que também muitos de seus ensinamentos aos filhotes estão relacionados à relação com o homem pescador. Observo que, assim como o pescador, o pirarucu também aprende a reconhecer o pescador e a senti-lo para escapar de suas técnicas de captura.

"Tem outra forma também de ficar *panema*, tem gente que faz judiaria com a gente, às vezes tu tá 'sendo feliz' na tua pesca, tá pescando bastante pirarucu e a pessoa não. Então ela pega a escama da tua embiara e faz uma defumação."

(Alexandre Silva, 2021)

Ilustração de Valente, Á. W. S.

CAPÍTULO 3

ESTADOS EMOCIONAIS E REPERTÓRIO DE TÉCNICAS CONTRA A *PANEMICE* NAS PESCARIAS DE PIRARUCU[23]

Para além dos procedimentos técnicos direcionados à captura do pirarucu, a comunidade Ipiranga realiza uma coletânea de técnicas no cuidado, prevenção e cura da *panemice*. A categoria *panemice* é utilizada para descrever os episódios de insucesso na pesca, quando o pescador não consegue capturar pirarucus em subsequentes atividades de pescaria. A *panemice* também provoca estado de preguiça ao pescador, que costuma apresentar comportamento de fadiga, sonolência e indisposição, e assim diminui o ritmo de suas atividades.

Há relatos de situação de *panemice* em populações amazônidas desde o século XVI, narrados pelos viajantes naturalistas André Thévet e Antonio Ruiz de Montoya (Braga, 2020). A *panemice* consiste em situação não desejada, e por isso é bastante evitada ou emergencialmente tratada quando contraída, a fim de não prejudicar o bem-estar e a saúde dos pescadores e de sua família, além de evitar a falta de sucesso ou falta de "sorte" na captura dos animais. A comunidade Ipiranga utiliza os termos *panemice* e *panemagem*, esse último em menor frequência, como substantivo,

---

[23] Destaco que parte deste trabalho foi apresentada na 33ª Reunião Brasileira de Antropologia, realizada entre os dias 28 de agosto a 3 de setembro de 2022, no GT 77: Técnica, emoção e poder: uma abordagem processual, conforme a referência a seguir: LEITÃO-BARBOZA, Myrian Sá; BARBOZA, Roberta Sá Leitão; GAMA, Gerlan Silva da. 2022. Técnicas, emoções e panemice nas relações de pesca de pirarucu em uma comunidade amazônica (Ipiranga, Prainha-PA). Disponível em: Reunião Brasileira de Antropologia - Grupo de Trabalho - GT77: Técnica, emoção e poder: uma abordagem processual. Acesso em: 13 set. 2022.

e *panema* como um adjetivo em referência ao estado contraído pela pessoa em estar ou ficar *panema*.

Considerando toda a simbologia, corporalidade, sentidos e emoções relacionados aos processos técnicos de prevenção e de cura da *panemice* nas pescarias de pirarucu, proponho neste capítulo descrever e discutir como estados emocionais abarcam essas situações. Carlos Sautchuk (2007) alega que na pesca de pirarucus a interação entre pescadores e peixes envolve aspectos de ordem sensorial, moral e simbólica. Inspirado em Marcel Mauss, também discutimos os processos técnicos e seus efeitos na moralidade local e na produção de assimetrias relacionais, como a competição e a fofoca, entre pescadores de pirarucu da comunidade de Ipiranga. Gatilhos de emoções, como inveja, gula, avareza, preguiça, raiva e "felicidade" (sorte) são constantemente disparados na dinâmica que envolve a condição *panema*, bem como nas técnicas de proteção e cura contra a *panemice* nas pescarias de pirarucu.

Pretendo na presente pesquisa compreender as interações entre pessoas, ambientes, animais, objetos e encantados, a partir de princípios sociais e culturais, não apenas o funcionamento dos processos técnicos em si, seguindo uma abordagem processualista conforme defende Fábio Mura (2011). De acordo com Mura existe forte vínculo entre os objetos de pesca e os seus usuários, aliados à coletividade nas suas formas de uso. Adicionalmente, também considero a gestualidade e a corporalidade intrínsecas aos procedimentos técnicos. As atitudes e os cuidados corporais dos pescadores, e também dos corpos femininos e das crianças familiares dos pescadores, são perceptíveis e essenciais na dinâmica contra a *panemice*. Corpos,[24] sentidos e emoções transitam e direcionam os fluxos das relações de pesca do pirarucu.

---

[24] No artigo "Corpoterritorialização" Katukina: lampejos etnográficos sob as perspectivas femininas indígenas, Leitão-Barboza e colaboradores (2019) demonstram que as/os Katukina (Território Rio Biá, Amazonas) constroem e reconstroem ativamente seus mundos sociais e físicos conceitualizados em termos de gênero e corporalidade, embora sejam influenciados por diferentes marcadores, incluindo espiritualidade, parentesco, mobilidade, dieta, entre outros.

3.1 *Panemice* nas pescarias de pirarucu

O tema *panema* vem sendo descrito por diversos antropólogos, sobretudo o *panema* nas atividades de caça de comunidades amazônicas (Almeida, 2013; Braga, 2021; Clastres, 1978; Da Matta, 1967; Galvão, 1951). No entanto, poucos estudos debatem esse tema sob a ótica da Antropologia da Técnica; uma exceção se trata da pesquisa de Fabio Mura (2011). Mura (2011, p. 116), acompanhando as atividades de caça Kaiowá no Mato Grosso do Sul, constatou que a causa de *panemice* é atribuída às falhas de ações no processo técnico realizado em alguma das etapas que envolvem a caça. Os estágios precedentes à captura do animal sempre devem envolver correta sequência de orações. A elocução das rezas é repassada tradicionalmente dos familiares mais velhos aos jovens como uma etapa primordial de negociação com os seres encantados para possibilidade de sucesso da atividade de caça:

> É justamente levando em conta o quadro moral e a tradição de conhecimento Kaiowa que esses indígenas desenvolvem as atividades de coleta dos elementos necessários à vida cotidiana (o jeheka = "ir à procura de"), bem como a própria produção de objetos. Através da concatenação técnica de atos políticos no cosmo e de ações sobre o mundo sensível, atingem-se os objetivos desejados. Na caça, por exemplo, os atos de construção e de posicionamento de armadilhas ou o simples atirar uma flecha para acertar uma presa são antecedidos pelo pronunciamento de orações específicas (ñembo'e tiha), voltadas a convencer o espírito-dono dos animais de caça (So'o járy) a conceder a captura de alguns indivíduos sob sua jurisdição, que assim passam à custódia do caçador. **Tais orações são transmitidas de pais para filhos ou de avós para netos, e devem ser utilizadas oportunamente.** Dessa forma, quando uma caçada é mal sucedida ou alguma desgraça ocorre ao caçador ou a algum membro de sua família, atribui-se esse fracasso a

uma aplicação equivocada da sequência de ações no processo técnico executado (Mura, 2011, p. 116, grifo nosso).

Em relação ao tema *panema* e pescaria, a abordagem é menos recorrente, principalmente quando se trata de *panemice* nas atividades de pescaria de pirarucu. Estudiosos e estudiosas, como Galvão (1951), Alencar (1991), Sautchuk (2007) e Barros (2012) retratam em seus estudos o estado *panema* entre pescadores, alusivo principalmente a mulheres[25] menstruadas ou grávidas em ações específicas: ao se alimentarem do produto da pescaria, ao matarem cobras, ou ao tocarem nos instrumentos de pesca dos homens.

Os estudos trazem a *panemice* como infelicidade na captura de peixes em geral; contudo, entre os pescadores da Vila Sucuriji no Amapá, Carlos Sautchuk (2007, p. 60) observou que o estado *panema* é mais comum para aqueles que pescam pirarucu. Além disso, o autor relata que essa condição pode ser ocasionada pelo próprio pescador, ao oferecer o peixe capturado a mulheres grávidas, ou ao jogar os restos do pirarucu perto de dejetos humanos ou ao alcance de animais domésticos.

A *panemice* compreende uma situação peculiar que causa má sorte à pessoa que "está *panema*", sendo no presente estudo referida ao insucesso de obtenção de pirarucu em contínuas atividades de pescaria, o que é corroborado pelo conceito apresentado por Galvão (1995), onde o *panema* não se trata apenas de um momento de infelicidade ou de má sorte, "mas sim de uma verdadeira incapacidade de agir" (p. 112). Não se trata de um simples azar, mas da transgressão de certos princípios.

A *panemice* também provoca alteração no estado físico e de humor de quem contraiu o *panema*, caracterizado pela sensação de indisposição, principalmente para realização da pesca, cansaço, sono e preguiça. Para os pescadores de Ipiranga, quando o pescador está *panema* e decide ir pescar, ele se comporta de maneira

---

[25] Leonardo Braga (2021) desenvolveu uma pesquisa focada no estado *panema* entre os Zo'é observando forte influência de nuances de gênero nesta relação.

impaciente e o pirarucu consegue facilmente sentir sua presença, e acaba escapando:

> O pescador fica com um grande sono. Dá uma preguiça muito grande nele. Ele não quer sair de casa. Quando ele sai de casa, ele não pega nada. O peixe sente ele (Alexandre Silva, 2021, informação verbal).

Além de causar mal-estar físico e emocional, o *panema* também causa prejuízos econômicos para o pescador e sua família, já que a pesca é a principal fonte de renda dos pescadores de Ipiranga. Logo, "estar *panema*" é uma condição extremamente evitada na comunidade Ipiranga.

O pescador pode ficar *panema*, ou seja, a *panemice* pode ser provocada ao indivíduo, basicamente por meio de quatro diferentes maneiras. A primeira forma ocorre quando alguém "desconfia" de sua embiara,[26] ou seja, situação inconsciente de ficar zangado, associada a quando as pessoas, principalmente crianças, gestantes e lactantes, não comem quantidade suficiente de gordura da cabeça do pirarucu, denominada de "santo antônio". A segunda maneira transcorre quando uma mulher menstruada passa perto ou tem contato físico com os arreios (instrumentos de pesca) de um pescador.

O terceiro modo se refere a destinar os ossos do pirarucu consumido para animais domésticos. Na quarta maneira, um pescador que não tem sorte na pesca, considerado *panema* na pesca, e que deseja obter a sorte de outro pescador para si, realiza um ritual especial denominado de judiaria. Ele realiza esse ritual para obtenção de sucesso nas pescarias, mas acaba transferindo a *panemice* para o outro pescador, que não estava *panema*. As três primeiras possibilidades ocorrem sem desejo consciente do pescador, estão relacionadas ao estado de "desconfiança" ou desejo

---

[26] Na Vila Sucuriju, Amapá, "embiara" é o peixe utilizado para consumo: "O peixe pra bóia é chamado de embiara, designação que assinala sua ligação com o pescador que o traz; o termo embiara é seguido da indicação do pescador responsável pela captura e dádiva — a 'embiara de fulano' — mesmo depois de ser repassada ao consumo de outras pessoas" (Sautchuk, 2007, p. 61).

de consumo não saciado de outra pessoa, que pode ser parente ou não do pescador. Enquanto a quarta possibilidade envolve vontade proposital, denotada como inveja de um pescador que transfere seu estado de *panemice* a outro pescador "feliz na pesca".

Na primeira condição, a "desconfiança" da embiara vem à tona quando crianças, gestantes ou lactantes não saciam seu desejo em comer quantidade suficiente do "santo antônio". Consiste na "carne gordurosa" bastante apreciada localmente e que possui esse nome por estar localizada na cabeça do pirarucu[27]. Em Ipiranga, os comunitários, usualmente, não consomem as mantas[28] (filé) de pirarucu, as quais são salgadas e destinadas para comercialização. Eles possuem predileção pelo "santo antônio". Deve-se tomar bastante cuidado no consumo exacerbado de "santo antônio", principalmente pelas crianças, devido à involuntariedade do ato de sentir raiva quando o desejo de consumo não é saciado, muito comum nessa fase de vida. No caso da minha família, meu avô, que teve onze filhos, sempre tentava dividir igualmente a quantidade do "santo antônio" do pirarucu assado, justamente para que uma das crianças não ficasse "desconfiada" da embiara pescada por ele. Quando a criança come quantidade insuficiente, ela fica inconscientemente "desconfiada", zangada porque recebeu menor quantidade, não recebeu o quanto desejava, e assim ela não ficou totalmente satisfeita e "fica desconfiando a *embiara*", o que pode provocar *panema* ao seu pai, pescador da *embiara* (pirarucu) consumida:

> A gente assa um "santo antônio" dele, põe em uma vasilha e tira aquela banha, como é pouco, tem que tomar cuidado para as crianças não "desconfiarem" (Alexandre Silva, 2021, informação verbal).

---

[27] Na cultura popular amazônica, a expressão "santo antônio" é usada para designar o meio da testa, simbolizando o ponto central ou o "núcleo" espiritual e físico de uma pessoa. Esse uso do termo representa não apenas a parte física, mas também remete a um conceito centralizado, com significados que se estendem à integridade e à espiritualidade do indivíduo.

[28] Geralmente, a carne de pirarucu chega ao mercado em mantas depois de passar por um processo de salga com secagem ao sol. O pirarucu é conhecido como o bacalhau da Amazônia devido ao sabor e à qualidade da carne, quase sem espinhos.

> *O pirarucu é um peixe muito fino, a gente pesca ele, mas tem que ter muito cuidado com o miúdo dele para não ter "desconfiança". Por exemplo: a gente pega o pirarucu e chega em casa e fala logo pra mulher, olha, toma cuidado com os meninos para não "desconfiarem", tomarem cuidados, principalmente com o "santo antônio" dele. A gente chama para o meio da cabeça dele de "santo antônio"* (Alexandre Silva, 2021, informação verbal).

Figura 5 – Cabeça do pirarucu, parte onde fica localizado o "santo antônio" do peixe

Fonte: o autor, 2024

Além do "santo antônio", o miúdo (cabeça e ossada) é uma parte corporal do pirarucu que em determinado contexto também provoca *panemice*. O miúdo é ofertado, não costuma ser vendido. Apenas o pescador que capturou o pirarucu, juntamente com sua família ou amigos próximos, podem comer essa "parte fina" do pescado. Todavia, eles deverão ter todo o cuidado para não provocar *panemice* ao pescador. Quando ocorre *panemice*, em virtude da "desconfiança" sobre a embiara, esta atinge apenas o pescador que pescou o pirarucu consumido:

> *Pirarucu é peixe fino/melindroso. A panemice vai para o pescador que matou o pirarucu. Fica panema só para a pesca do pirarucu.* (Joana Barros, 2021, informação verbal).

> *Só acontece com a parte da cabeça do pirarucu, eles não dão o miúdo (cabeça, ossada) para ninguém, comem com a família, para evitar* panemice. (Marilene Barros, 2021, informação verbal).

Quando a "desconfiança" parte de mulheres grávidas, há uma maior preocupação com o processo de cura da *panemice*, como veremos mais adiante. Um dos interlocutores desta pesquisa, o pescador Alexandre Silva, aconselhou que "se deve ter muito cuidado com o miúdo do pirarucu para que mulheres grávidas não consumam quantidade suficiente e desconfiem da embiara". A mulher grávida pode ficar com "raiva" por não ter se alimentado do miúdo do pirarucu:

> *Mulher grávida não é bom comer. Tem mulher que quando fica grávida ela dorme muito, não tem disposição para fazer nada. Essas são perigosas.* (Joana Barros, 2022, informação verbal).

A segunda possibilidade de um pescador contrair a *panemice* é oriunda do contato direto ou apenas da proximidade física de uma mulher menstruada aos instrumentos de pesca do pescador. No fragmento a seguir, narrado por Marilene Barros, ela descreve essa situação. Contudo, percebe-se uma certa quebra da transmissão intergeracional dos saberes e cuidados associados para evitar a *panemice* por algumas mulheres da comunidade, como a própria mãe da interlocutora (Joana Barros). De acordo com a interlocutora, os processos de cuidado para evitar a *panemice* envolviam o distanciamento das mulheres, durante sua menarquia, junto aos instrumentos de pesca dos pescadores de sua família. Essas eram práticas comuns adotadas pela sua avó. Atualmente, a mãe da interlocutora não realiza esses procedimentos protetivos junto aos instrumentos de pesca de seu esposo.

> *A mamãe [Joana Barros] disse assim: que pra umas pessoas valia. Quem tem esses cuidados todo com a situação para que o pescador pudesse, como diz ele, ser "feliz na pesca". Então, eles tinham todo esse cuidado porque eles acreditavam nessa superstição. Mas algumas pessoas não, né. Porque uma coisa assim não tem muito a ver! Então ela disse que ela [mãe] costumava não fazer isso, quando era no tempo dela, como diz ela, sobre os arreios do papai ou do pai dela, eles não costumavam fazer isso. A vovó tinha muito cuidado para que eles [elas, mulheres menstruadas] nem tocassem, nem passassem por perto, nem por cima, para que o pescador não ficasse, como diz eles, panema. Nesse caso, aí ela disse que varia. Uma superstição que muitos acreditavam, outros não.* (Marilene Barros, 2022, informação verbal).

Os fluidos corporais femininos (sangue menstrual e do pós-parto) também podem provocar *panemice* entre pescadores das Ilhas do Lençóis no Maranhão, conforme é descrito por Edna Alencar (1991):

> Esta contaminação ocorreria por meio dos fluidos corporais femininos, do sangue menstrual e do pós-parto. Os homens são os principais objetos desta contaminação afetados na sua atividade na pesca e expresso no fracasso ou insucesso das pescarias (Alencar, 1991, p. 97).

Na literatura antropológica há ainda relatos em torno do ficar *panema* ocasionado por mulheres que não estejam necessariamente na condição de gravidez ou menstruação. No clássico estudo "O arco e o cesto", desenvolvido junto ao povo Guaiaqui, Pierre Clastres (1978) descreve que a *panemice* poderia ser provocada entre homens caçadores, quando mulheres tocavam o arco, seus instrumentos de caça. Embora esse exemplo não trate do insucesso nas pescarias, mas no ato de caçar, aponta proibições também relacionadas ao contato físico dos homens nos instrumentos das mulheres, embora a gravidade da situação seja muito mais perigosa quando há toque feminino nos instrumentos masculinos, pois pode causar *panemice*:

> Os guaiaqui apreendem essa grande oposição, segundo a qual funciona sua sociedade, por meio de um sistema de proibições recíprocas: uma proíbe as mulheres de tocarem o arco dos caçadores; outra impede os homens de manipularem o cesto [...]. Um caçador não suportaria a vergonha de transportar um cesto, ao passo que sua esposa temeria tocar seu arco. É que o contato da mulher e do arco é muito mais grave que o do homem e do cesto. **Se uma mulher pensasse em pegar um arco, ela atrairia, certamente, sobre seu proprietário o pané [panemice], quer dizer, o azar na caça, o que seria desastroso para a economia dos guaiaqui.** Quanto ao caçador, o que ele vê e recusa no cesto é precisamente a possível ameaça do que ele teme acima de tudo, o pané. Pois, quando um homem é vítima dessa verdadeira maldição, sendo incapaz de preencher sua função de caçador, perde por isso mesmo a sua própria natureza e a sua substância lhe escapa: obrigado a abandonar um arco doravante inútil, não lhe resta senão renunciar à sua masculinidade e, trágico resignado, encarrega-se de um cesto. (Clastres, 1978, p. 75, grifo nosso).

Na terceira eventualidade, um pescador pode ficar *panema* se destinar o miúdo do pirarucu a animais domésticos, como cachorro e porco. Portanto, há um cuidado com o descarte dessas partes do pirarucu, que devem ser lançadas nos corpos aquáticos ou em locais distantes das residências, como pontuado na narrativas de moradores do Ipiranga:

> *Quando tratam pirarucu no lago, jogam fora ou escondem essas partes.* (Marilene Barros, 2021, informação verbal).

> *Outra forma é dar o miúdo para porco comer.* (Joana Barros, 2022, informação verbal).

A *panemice* provocada quando cachorros ou porcos comem ossos e espinhas de peixes também foi relatada por Galvão (1951) e Wagley (1957) em estudos na Amazônia. Galvão (1951) traz uma série de causas para a condição *panema*; segundo esse pesquisador:

> As fontes de panema são variadas, os mais comuns são: mulher grávida que se alimenta da caça ou do peixe apresados por um indivíduo; mulher menstruada que toca um dos petrechos do caçador ou pescador, arma, linho, anzol, etc.; desconfiança, mal-estar entre amigos, especialmente por cobiça de alimento; **ossos ou espinhas abandonadas no terreiro ao alcance de cachorros, porcos e animais domésticos**; feitiçaria (Galvão, 1951, p. 223, grifo nosso).

O quarto evento, o ritual *judiaria*[29] é realizado para o repasse da "felicidade" de um pescador exitoso ao outro sem "felicidade", malsucedido nas pescarias. O pescador que realiza *judiaria* obterá sucesso nas pescarias, causando, no entanto, *panemice* a quem perdeu a *"felicidade"*, ou seja, conforme as palavras dos pescadores "uma encantaria para pegar muito pirarucu, mas que provoca uma *panemice*". A *judiaria* é realizada através da defumação de escamas da *embiara* (pirarucu) de um pescador *"feliz na pesca"*, que capturou

---

[29] A expressão "judiaria" não é usada pelos pescadores de Ipiranga no sentido denotativo de judiar, maltratar ou fazer mal a alguém. A judiaria está relacionada a um ritual, a um feitiço. Apesar da palavra feitiço não ser mencionada por eles, ela está implícita. Eles não usam os termos "ritual" e "feitiçaria", mas sabem que é uma questão de encantaria.

bastante peixe, sobre os *arreios* (apetrechos de pesca) e o corpo do pescador que pretende melhorar seu desempenho na captura pesqueira, conforme nos relatou o pescador Alexandre Silva:

> *Tem outra forma também de ficar panema, tem gente que faz judiaria com a gente, às vezes tu tá "sendo feliz" na tua pesca, tá pescando bastante pirarucu e a pessoa não. Então ela pega a escama da tua embiara e faz uma defumação* (Alexandre Silva, 2021, informação verbal).

Alexandre explicou que a *panemice* pode durar bastante tempo, como ocorreu com seu pai, que ficou *panema* durante cerca de um ano e não conseguia capturar pirarucu. Percebemos em sua fala que através da *judiaria* ocorre a "transmissão" do estado da *panemice* entre pescadores, ou seja, o que estava *panema* passa a obter sucesso nas pescarias, repassando a sua condição de infortúnio ao outro. Assim, um pescador "se cura com a embiara do outro":

> *Meu pai ficou um ano sem matar nada. **O cunhado dele malinou dele. Se curou com a embiara dele.** Meu pai era pescador e pescava muito pirarucu. O cunhado dele, o finado do Lucas, não matava quase nada. Por uma brincadeira ele se curou com a embiara do papai. Aqui atrás [aponta para trás de sua casa, que fica em frente ao Lago do Munguba e do Lago Piranguinha], meu pai vinha do lago, aí o cunhado dele chamou ele:*
>
> *— Vem aqui, meu cunhado.*
>
> *Chegando lá ele disse:*
>
> *— Meu cunhado, tem um peixe aqui, mas eu já arpuei duas vezes e não segura o peixe, que vamos ouvir.*
>
> *E foram pra lá. Com pouco tempo, ele [pirarucu] buiou e o papai começou a seguir os rastros dele. Quando ele parou [pirarucu], o papai arpuou o pirarucu e o segurou, aí ele disse:*

> — Tá vendo, meu cunhado, aqui é arpão, não é espeto. Porque espeto que é liso, né, não tem gancho.
>
> Por essa brincadeira, ele [o cunhado do pai de Alexandre] **se curou com embiara do papai**. O papai passou um ano sem pegar nada, comprava as coisas porque naquela época tinha um senhor com o nome de Velho João que comprava tambaqui salgado. Era só o que o papai pegava. (Alexandre Silva, 2021, informação verbal, grifo nosso).

O ritual *judiaria* é realizado da seguinte forma: o pescador que deseja sucesso nas pescarias coleta duas escamas mais próximas à cabeça do pirarucu, que foi pescado pelo pescador exitoso, "feliz na pesca". Após retirar as escamas, estas são postas para secar. Em seguida, o pescador tece um pequeno paneiro[30] onde são dispostos seus arreios, como arpão, anzóis e linhas. Na sequência, o pescador prepara fogo no seu fogareiro e coloca as escamas de pirarucu para queimar e adiciona pimenta-malagueta (*Capsicum frutescens*) com semente de cumaru (*Dipteryx odorata*) para intensificar a ação. Em seguida, o pescador põe o paneiro com os seus arreios em cima do fogareiro em uma posição em que não queime esses objetos, mas que toda a fumaça que está saindo das escamas os atinja, ou seja, uma técnica de defumação. Iniciada essa etapa de defumação dos arreios, o judiador — pescador que realiza a judiaria — se posiciona por cima do fogareiro e fica recebendo a fumaça que está saindo das escamas e passando pelo paneiro:

> *O pescador pega a escama do toco da cabeça da tua embiara e põe para secar, depois ele faz um paneirinho, pega os anzóis e arpão e escama no paneiro, prepara um fogo no fugareiro dele, coloca as escamas embaixo e coloca o paneiro em cima e fica pegando aquela fumaça. Ele pega, coloca o cumaru e a pimenta-malagueta para dar mais pressão, coloca as linhas dele também*

---

[30] *Paneiro* é um tipo de cesto trançado artesanalmente, comum na região amazônica e utilizado para o transporte e armazenamento de diversos itens, especialmente alimentos como frutas e farinha. Ele é feito com fibras naturais, como cipó, palha de buriti ou arumã, que são materiais abundantes e sustentáveis na Amazônia.

em cima. E se posiciona para pegar aquela fumaça e ficar mais feliz pegando a fumaça que tá saindo das escamas. Ele ficava em cima do fugareiro. (Alexandre Silva, 2021, informação verbal).

Outros estudos também discutem processos técnicos de obtenção de sucesso nas pescarias através da transferência da *panemice*. Na RESEX Riozinho do Anfrísio, em Altamira, Flavio Barros (2012) comenta que os pescadores conhecem um jeito de retirar o *panema* usando a escama de peixes capturados por um pescador afortunado. Assim como no Ipiranga, os pescadores da RESEX Riozinho do Anfrísio utilizam escamas de peixe, obtidas pelo pescador bem-sucedido, para a transferência da *panemice*. Todavia, as etapas do processo técnico dessa substituição são divergentes:

> Outra situação registrada foi o relato do ato de **comer escama de peixe**. Essa ação acontece quando vários homens saem juntos para pescar. É caracterizada pelo ato de esconder a escama do peixe embaixo da língua sem que o pescador que o pescou perceba. Isso ocorre quando alguém do grupo não obtém sucesso na pescaria. Com essa atitude, a pessoa que esconde a escama passa a ter êxito na pesca, e o dono do peixe enfrenta o insucesso. Apesar dos entrevistados terem relatado tal situação, todos colocaram que nunca tiveram esse tipo de comportamento (Barros, 2012, p. 309, grifo nosso).

Ainda que o texto não apresenta muitos detalhes desse processo, existe entre os pescadores um certo constrangimento em assumir a realização da técnica de transferência de *panemice*. Os procedimentos de transferência da felicidade envolvem ações secretas, organizadas com bastante discrição para que os responsáveis não sejam revelados, e serão discutidos mais adiante no presente trabalho. A seguir a imagem de um fogareiro utilizado pelos pescadores na transferência de felicidade (Figura 6).

Figura 6 – Fogareiro usado pelos ribeirinhos

Fonte: o autor, 2023

3.2 Repertório de técnicas de prevenção e de cura da *panemice*

Nesta seção do texto, irei abordar os processos de proteção e cura que abarcam o repertório de técnicas contra a *panemice*. A prevenção do estado de *panemice* é realizada por meio de cuidados secretos com os arreios, apetrechos de pesca que são organizados em uma canoa que passará por um processo de proteção, além do procedimento sigiloso de proteção do corpo do pescador. Já a cura do estado de *panemice* envolve técnicas de preparos terapêuticos com uso de plantas medicinais em banhos especiais no pescador. A seguir descrevemos as técnicas de prevenção, como as murundangas, seguidas dos processos de cura, denominados localmente de "remédio", para quem já contraiu o *panema*.

3.2.1 Murundangas: prevenir é melhor que remediar!

O termo murundangas se refere às manipulações de diferentes tipos de ervas com objetivo de afastar energias ruins e atrair energias boas. Com o intuito de evitar "ficar *panema*", os pescadores de Ipiranga recorrem a várias murundangas realizadas com uso de diversas plantas: folhas-cheirosas,[31] pião-roxo (*Jatropha gossypifolia* L.), pimenta-malagueta, casca da envirataria, fruta da aninga, e as folhas e galhos de cajuçara.

Em conversa com a dona Joana Barros, ela nos relatou que um ou dois dias antes do marido sair para pescar, murundangas são preparadas para prevenir a *panemice*. Esse processo preventivo consiste em encher com água a canoa que será utilizada na pescaria. Em seguida, folhas e ervas, citadas anteriormente, são acrescentadas à canoa, que fica disposta em um local escondido, para não ser visualizada pelos demais comunitários. A canoa permanecerá em repouso, debaixo de uma árvore, até o dia seguinte. Essa etapa inicial pode ser realizada pelo pescador ou sua esposa. Por volta das 5 horas da manhã do dia posterior, antes do pescador sair para a pesca, ele chama suas filhas, aquelas que em geral acordam cedo, para rimparem[32] todo o seu corpo com galhos de "plantas cocentas":

> Eles colocavam várias plantas lá dentro para que quando eles fossem pescar o peixe não ficasse velhaco deles. Era uma forma de se prevenir para não "ficar panema" durante a pesca. As plantas usadas eram folhas-cheirosas, pião-roxo, pimenta-malagueta, casca da envirataria, o abacaxi da aninga e galhos de cajuçara. Colocavam tudo lá dentro, até os anzóis. De manhã cedo, antes de sair pra pescar, geralmente o pescador pede para as filhas lhe açoitarem, rimparem com galhos de plantas cocentas, mas só as meninas

---

[31] As folhas-cheirosas são as que exalam forte odor e apresentam propriedades medicinais, segundo moradores de Ipiranga.

[32] Termo utilizado para a ação de "chicotear", direcionar galhos de determinadas plantas no corpo da pessoa durante os procedimentos de aquisição de proteção.

mais espertas para trabalhar são chamadas (Joana Barros, 2022, informação verbal).

Papai falou que, nesse caso, as folhas usadas, sempre mais as folhas da malagueta, da pimenta-malagueta, junto também com as frutas, né. E eles usavam também alguns resíduos do próprio animal, do pirarucu, né, alguns ossos, a escama do pirarucu, por exemplo. E eles faziam os banhos e as defumações dos arreios, dos apetrechos de pesca. E eles preparavam, eles serenavam três dias, eles colocavam pra serenar três dias onde ninguém pudesse passar ou ver, né, essa mistura. E quando era no quarto dia eles iam fazer essa realização da defumação e do banho sem ninguém saber. Aí eles iam tipo assim com o materiais todos estéreis, a partir desses banhos e defumação. A folha da malagueta, ele disse a folha daquela planta, hortelã-grande. Ele disse que às vezes usavam hortelã-grande, da aninga eles usavam também para fazer esses banhos e defumações (Marilene Barros, 2022, informação verbal).

3.2.2 "Remédio bem feito para poder voltar a ver os peixes": remediar para curar a *panemice*

O pescador que de alguma forma está *panema*, seja porque alguém causou propositalmente (judiaria) ou porque alguém desconfiou de sua embiara, precisa realizar um procedimento técnico de purificação, denominado por eles de "remédio". O preparo do "remédio" deve ser bem feito, realizado com todo o capricho para que o pescador volte a "ser feliz" na pesca, voltando a capturar os pirarucus; como relatado por eles: "se o pescador não fizer um remédio bem feito, ele nem verá mais o peixe". Na comunidade Ipiranga existem duas formas de curar o pescador da *panemice*, são elas: "remédio", um procedimento que consideramos um ritual de cura, e um processo de cura que envolve ações direcionadas à criança que desconfiou da embiara do pescador.

Os "remédios" constituem preparados de banhos com plantas, em geral elaborados pelas esposas do marido que ficou *panema*;

entretanto, os homens também podem prepará-los. As mulheres possuem domínio de saberes e técnicas crucial no preparo de "remédios" contra a *panemice*. Existe uma preocupação na continuidade de transmissão desses conhecimentos entre elas:

> *As mulheres possuem um conhecimento mais profundo sobre as propriedades das plantas e sempre estão aprendendo e ensinando algo umas para as outras. É difícil a gente ir na casa de uma outra mulher e não aprender nada, as mulheres gostam de mostrar o seu canteiro para a outra e nisso elas vão ensinando para que cada erva serve* (Joana Barros, 2022, informação verbal).

> *Quando foi um dia, a finada da Conceição, mãe da mamãe, apareceu lá, lá na fazendinha conversando, ela perguntou:*

> *— E o seu Manoel, tem matado muito pirarucu?*

> *Mamãe respondeu:*

> *— Nada, o Manoel pegou uma panemagem que tá inteirando ano que não matou mais nada, nem vê nada.*

> *Aí a velha disse:*

> *— Mas já fizesse "remédio" para ele?*

> *Mamãe disse:*

> *— Ainda não, eu não sei fazer "remédio".*

> *Ela disse:*

> *— Ah, minha filha, é muito fácil, eu vou te ensinar a fazer "remédio", ele vai se endireitar de novo, mas o cara que fez a bandalheira com ele vai ficar com as costas em desgraça de coceira* (Alexandre Silva, 2021, informação verbal).

> *As ervas representam um refúgio também, eu gosto de estar cuidando delas, a gente se entende muito bem.*

> *Plantar é uma paixão, desde pimenta, cebola, tomate a remédios e chás. No meu caso, sim, eu mesma planto, nem todo mundo "tem mãos" para plantar. As plantas absorvem as nossas energias e nós também recebemos energias delas. Se a pessoa não tiver uma mão boa para plantar, não vinga. As plantas a gente consegue uns com os outros, geralmente partilhamos filhos de plantas, a gente troca uma planta com a outra. A gente sabe para que as plantas servem porque nossas avós falavam, teve gente que falou isso antes, esse conhecimento é um conhecimento dos antigos. Eles sabiam muitos remédios. Remédios que hoje a gente nem sabe mais. Muitas vezes a gente aprende remédio com nossos vizinhos. Tem um vizinho que sabe um remédio, ele ensina pra gente, a gente vai atrás da planta e faz o remédio.* (Joana Barros, 2021, informação verbal).

Além de haver domínio de repasse de saberes e do processo técnico de preparo dos "remédios" pelas mulheres, estas ainda realizam as rezas que acompanham a preparação do banho. O banho é preparado com plantas específicas,[33] como pião-roxo, cajuçara, além de pimenta-malagueta e limão. Após o banho, alguns galhos de pião-roxo são usados para rimpar (açoitar) o corpo do pescador *panema*. Esse ritual tem duração de cerca de três dias e se encerra quando o pescador *panema* começa a sentir coceira no corpo, pois durante os primeiros banhos, mesmo as plantas sendo cocentas, a condição da *panemice* o impede de senti-la. Assim, a sensação de coceira funciona como um sinal de que a purificação deu certo, então o pescador *panema* já poderá retornar aos lagos para pescar. É importante destacar ainda que por volta de uma semana após a finalização do ritual de purificação, o pescador responsável pela judiaria passará a vivenciar uma forte coceira no corpo que

---

[33] Na Amazônia é muito comum o uso de plantas em tratamentos espirituais contra as doenças como mau-olhado, feitiço, *panema*, mau fluido, entre outras, incluindo majoritariamente preparados com banho. Em um estudo sobre práticas de uma curandeira de Colares (Pará), o banho com algumas plantas consideradas poderosas é indicado para curar/tirar *panema*, são elas: combate, janau ou tira-panema, hei-de-vencer, sombra-do-mundo e pião-roxo. As plantas poderosas "possuem o poder de proteger, atrair sorte, felicidade, afastar inveja e curar males do corpo e da alma" (Silveira; Albuquerque, 2015, p. 257).

revelará sua culpabilidade a toda a comunidade. Eduardo Galvão (1951, p. 225), em seu texto sobre *panema*, descreve a existência de vários procedimentos de cura contra a *panemice*, sendo os banhos ou defumações os principais, com uso de vários componentes, de preferência pimenta e alho, além de "ervas fedorentas e cocentas". Na narrativa a seguir, do pescador Alexandre Silva, podemos perceber a partir do vocábulo local como ocorre todo esse processo de purificação da *panemice* ocasionada pela *judiaria*:

> [...] Então, ela ensinou para a mamãe: banho de pião--roxo, cajuçara, pimenta-malagueta e limão. Todos esses "remédios" são muito fortes. Pega todos eles, bate muito bem, e faz um banho. Antes do papai sair para ir pescar, ela [mãe] dava um banho nele, banhava a proa do casco dele e, depois que ele terminava de tomar banho, ela virava ele de costa e batia com o galho do pião-roxo até a ponta dos galhos ficar pelada nas costas dele [caírem todas as folhas], e depois ela pegava o ramo do cajuçara e rimpava [chicoteava] nas costas dele até as folhas da ponta caírem tudo e ficar só o galho. O cajuçara é um mato muito cocento, mas ele não sentia nada, ele tava panema demais [...]

> Eles fizeram no primeiro dia e nada; no segundo dia, nada. Já no terceiro dia, ele começou a sentir a coceira. **No terceiro banho, minha filha, quando ele começar a sentir a coceira a panemagem começa a sair. Aí ele foi, no primeiro dia viu um peixe-boi. No segundo, ele matou dois pirarucu, aí pronto, ele começou a ver os peixes novamente** [...]

> Também, com o passar de uma semana, saiu a notícia que o cunhado dele tava com as costas em desgraça de coceira. Ficou só uma coceira nas costas dele. Aí a cunhada da mamãe veio em casa e disse:

> — Ah, comadre, o Carlos tem passado mal com uma coceira que apareceu nas costas dele que tá lá já faz uns três dias que ele não sai. Aí a mamãe pensou: — *Puta merda, será que era ele que tinha feito a* malinesa

pro Joaquim? (Alexandre Silva, 2021, informação verbal, grifo nosso).

Em relação à *panemice* ter sido provocada pela "desconfiança" de crianças, o procedimento de cura envolve etapas para sua efetivação. Primeiramente, a criança deve ser acordada antes do sol nascer, depois em jejum deve coletar três pimentas-malagueta, usando os seus próprios dentes, e mastigá-las. Em seguida, a criança deve cuspir sua "saliva virgem" da pimenta-malagueta sobre os arreios do pescador e jogar o restante em direção onde o sol nasce:

> *Quando é criança que "desconfia", a gente põe ela pra acordar antes do sol nascer, antes que todo mundo se acorde e comer a ponta de três pimentas-malaguetas e cuspir aquela saliva, antes de comer nada, nas artes e anzóis do pescador. Depois disso, jogar o restante para onde o sol nasce.* (Alexandre Silva, 2021, informação verbal).

Nos eventos em que a "desconfiança" da embiara provém de grávidas, o procedimento de purificação não pode ser realizado, pois a mulher pode abortar a criança. Assim, é aconselhável não preparar o "remédio" e esperar a criança nascer, como expresso a seguir pelo pescador Alexandre Silva:

> *Quando a mulher grávida "desconfia" da embiara da gente, o homem não deve fazer o "remédio", principalmente quando ele sabe que foi mulher grávida que desconfiou, caso contrário, a mulher bota o filho, a criança sai toda despelada e a mulher tem antes do tempo. O pescador deve pescar outra coisa e esperar a criança nascer. Quando o curumim nascer, a panemice vai passar. Mas senão, se fizer o "remédio", a criança vai morrer e até a mãe corre risco também. É um "remédio" muito forte que mata até a criança. É muita energia, né. Meu pai não fazia "remédio" quando ele sabia que era mulher grávida, até porque é pecado, né?* (Alexandre Silva, 2021, informação verbal).

A mesma precaução com os possíveis efeitos do processo de cura contra *panemice* provocada por mulheres grávidas é relatada por Galvão em 1951:

> É justamente dos efeitos da cura que temem, pois acreditam que ao curar-se da panema, a mulher sofrerá um aborto ou a criança nascerá pelada "descascando", para morrer com poucos dias de vida (Galvão, 1951, p. 223).

3.3 "Meu pai não fazia remédio quando ele sabia que era mulher grávida, até porque é pecado, né?": moralidades nas relações da *panemice* nas pescarias de pirarucu

Ao tratarmos das dimensões da vida social de pescadores de Ipiranga relacionadas à condição de ficar *panema*, alguns aspectos emergiram durante a tessitura do texto: o caráter local dos valores. É relevante ainda considerarmos o lugar de fala em que nos encontramos. Somos pesquisadores, com percepções que podem divergir dos pescadores de Ipiranga. Assim, apontamos algumas reflexões que podem estar imbuídas de nossas subjetividades e interpretações, ainda que um dos autores do texto[34] pertença a Ipiranga. Sob essa questão, Joanna Overing (1999) alerta quanto à importância dos antropólogos refletirem sobre seus próprios pontos de vista: "Para compreender as outras pessoas, os antropólogos são obrigados a refletir sobre os seus próprios pontos de vista, tanto quanto sobre aqueles deles divergentes" (Overing, 1999, p. 84).

A afirmação de Overing nos leva à autorreflexão acerca da dimensão de nos "despirmos" de alguns valores nossos na tentativa de compreensão de valores de outras pessoas. Contudo, essa não

---

[34] Parte deste trabalho foi apresentada na 33ª Reunião Brasileira de Antropologia, realizada de 28 de agosto a 3 de setembro de 2022, no GT 77: Técnica, emoção e poder: uma abordagem processual. Por isso, nesta seção há menção a mais de um autor, conforme a referência: LEITÃO-BARBOZA, Myrian Sá; BARBOZA, Roberta Sá Leitão; GAMA, Gerlan Silva da.. Técnicas, emoções e panemice nas relações de pesca de pirarucu em uma comunidade amazônica (Ipiranga, Prainha-PA). 2022. Disponível em: Reunião Brasileira de Antropologia - Grupo de Trabalho - GT77: Técnica, emoção e poder: uma abordagem processual. Acesso em: 13 set. 2022.

é uma tarefa simples e nem sempre é possível realizar essa desvinculação total do nosso próprio ponto de vista. Ainda sobre essa reflexão, em uma coletânea de estudos de Sociologia e Antropologia da Moral, Roberto Cardoso Oliveira (2014, p. 48) nos questiona: "como descrever de forma não estereotipada e distorcida as práticas sociais ou as formas de vida vigentes além-mar?". O mesmo autor em 1996 trazia relevantes questões referentes ao posicionamento do antropólogo em se destituir de preconceitos ao realizar suas análises. O antropólogo estimulou ainda um debate acerca da importância da antropologia em analisar o tema moralidade, cujos estudos naquele período eram tratados principalmente a partir da abordagem filosófica (Cardoso Oliveira, 1996):

> Refiro-me especificamente à questão do valor e, conseqüentemente, do juízo de valor — desde que a moral sempre o pressupõe —, tão ameaçador para quem (certamente, e acima de tudo, o antropólogo) foi treinado para exorcizar o fantasma do preconceito em qualquer de suas manifestações. Porém se a luta contra o etnocentrismo, além de generosa, é cientificamente correta, tal não significa que ela nos impeça de assumir o desafio de enfrentar o exame do fato moral com as armas de nossa disciplina, sem reduzi-lo a uma questão apenas relevante quando dela nos descartamos... Afinal, como julgar o ato de uma pessoa, membro de uma outra sociedade, e que tenha sido guiada em sua ação por valores próprios a sua cultura? Claro que não cabe ao antropólogo julgar — isso é função de juízes e moralistas, mas também do homem comum, que, imerso em seu cotidiano, é sempre impelido a julgar todo e qualquer ato (seu ou de terceiros) como condição de orientar seu próprio comportamento. Mas o antropólogo enquanto tal, i.e., no exercício de seu métier, sempre terá por alvo procurar o sentido do fato moral, compreendê-lo, portanto, de maneira a esclarecê-lo minimamente, seja para si próprio, seja para seus leitores, seja para seus estudantes. Considero, assim, importante

retomar a questão da moralidade, presente desde os albores de nossa disciplina, como suscetível de investigação antropológica (Cardoso Oliveira, 1996, p. 1).

Sob essa perspectiva, para Patrice Schuch (2014, p. 105) "o estudo da moral também é, portanto, uma reflexão sobre a própria antropologia e seus limites e desafios". Assim, a partir do debate anterior, pretendemos apontar e indicar caminhos iniciais para a compreensão de aspectos da moralidade local de Ipiranga em torno da condição da *panemice* e dos processos de prevenção e cura relacionados.

Considerando a moralidade "como conjunto de normatizações, valores e significados" (Schuch, 2014, p. 98), nesta seção iremos abordar como os sentimentos — inveja, gula, avareza, preguiça, raiva e "felicidade" (sorte) — relacionados ao estado de *panemice*, que abarcam o repertório de técnicas de proteção e cura, estão circunscritos nas moralidades e significados locais da comunidade Ipiranga.

Em Ipiranga o desempenho na pesca evoca significados morais relacionados ao estado do pescador a partir do sucesso ou insucesso na atividade de pesca. Assim, o fraco desempenho na pescaria pode refletir a condição de má sorte promovida por certas atitudes que fogem ao conjunto de valores locais. A condição *panema* na pesca de pirarucu, por exemplo, pode estar relacionada ao sentimento da gula de crianças ou de gestantes ao screm proibidas de comer mais, e/ou à avareza (sovinice) dos adultos em não oferecer uma quantidade maior de alimentos, causando a "desconfiança". Nesse caso, o sentimento de raiva, por ter sua vontade negada, funciona como um gatilho para ativar o estado da *panemice* no pescador. Logo, os bons valores conceituados moralmente se referem a aceitar, sem "desconfiar" (sentir raiva ou pleitear mais alimento), a pequena parte do peixe que lhes é oferecida, tanto para as crianças como para as gestantes.

A *panemice* ocorre ainda quando mulheres menstruadas "invadem" o espaço de produção masculino ao tocar ou passar perto dos arreios de pesca. Denotando assim o papel moral imposto à mulher quando está "contaminada" (menstruada), sendo proibida de desenvolver atividades produtivas consideradas masculinas, nem mesmo chegar próximo aos instrumentos que revelam essa masculinidade.

Outro sentimento recorrente consiste na inveja do sucesso de um exitoso pescador. A inveja da prosperidade de outrem pode ocasionar, intencionalmente, por meio da judiaria, o seu fracasso/azar/infelicidade na pescaria. Por outro lado, o responsável pela judiaria passa a ser "feliz" nas pescarias, recebendo toda a prosperidade do pescador invejado. Um fato interessante que concerne aos sentidos morais presentes no procedimento de judiaria é sua realização de forma sigilosa. Envolve apenas o núcleo familiar, pois a troca do estado de *panemice* pode provocar sentimentos de raiva a quem recebeu.

Todavia, apesar das suspeitas existentes acerca dos judiadores (causadores da judiaria), com grande difusão da informação nos bastidores da comunidade, não ocorre enfrentamento direto, o que provocaria imenso constrangimento. Através das conversas informais, verdadeiras fofocas, boa parte da comunidade tem informação dos possíveis judiadores. Outro momento de discrição na comunidade se refere às práticas de prevenção da *panemice*. As murundangas são também realizadas sigilosamente, possivelmente para que não ocorra o reconhecimento dos fazedores como praticantes de feitiçaria, trazendo à tona juízo de valores morais pela comunidade Ipiranga.

Além disso, salientamos que, uma vez *panema*, o pescador pode vivenciar sensações consideradas contraproducentes e malvistas na comunidade, como preguiça e indisposição para a realização das atividades produtivas. Ou seja, o pescador *panema* passa a ter uma reputação duvidosa, aqui no tocante à sua disposição como trabalhador e ao êxito nas pescarias de pirarucu.

Ademais, existem significados morais nos processos técnicos de cura da *panemice*. Nos foi informado que em Ipiranga o ritual de cura é realizado quando não se sabe quem provocou a *panemice*, pois esta pode ter sido provocada sem intencionalidade. Em uma das narrativas mencionadas anteriormente, sobre o feitio de "remédios" contra a *panemice*, o pescador Alexandre Silva indica que é considerado pecado preparar "remédio" contra a "desconfiança" da embiara quando esta surge de uma mulher grávida. O "remédio" poderia provocar vários malefícios à criança e à mulher. Dessarte, existem normatizações na comunidade para a realização dos processos de cura, sendo praticados quando não se sabe quem provocou o estado *panema* para assegurar condição de dignidade por não ter ocasionado malefícios à gestante e ao seu bebê.

De modo geral, percebemos como as restrições de ações construídas em uma sociedade proporcionam o exercício de condutas tidas como moralmente aceitas. Em contrapartida, a quebra das normas e da praxe habitual pode desencadear situações indesejáveis, como o fracasso nas pescarias. Na Amazônia há exemplos entre povos indígenas e comunidades tradicionais de como situações que fogem às regras morais conduzem à condição *panema*, especialmente quando o agente são as mulheres. Clastres (1978) aponta como normatizações referentes à proibição do contato físico com os instrumentos, arco para os homens e cesto para as mulheres, promovem a ordem sociossexual entre os indígenas Guaiaqui:

> De um modo geral, os utensílios e instrumentos são sexualmente neutros, e se pode dizer: o homem e a mulher podem utilizá-los indiferentemente; só o arco e o cesto escapam a essa neutralidade. Esse tabu sobre o contato físico com as insígnias mais evidentes do sexo oposto permite evitar assim toda transgressão da ordem sócio-sexual que regulamenta a vida do grupo (Clastres, 1978, p. 75).

No que concerne à não realização dos procedimentos de cura quando a *panemice* é causada por uma mulher grávida, Galvão (1951) também constatou a presença de valores e significados relacionados às moralidades:

> Quando o caçador ou pescador sente os efeitos da panema, trata de curar-se imediatamente, a si ou ao apetrecho infectado, esse procedimento é porém considerado mau pelas conseqüências que pode acarretar se a fonte do penemo foi uma mulher grávida. **Segundo a ética, êle deve procurar a mulher e pedir-lhe que venha ela mesma curá-lo, única maneira de não lhe causar mal** (Galvão, 1951, p. 224, grifo nosso).

Ainda sobre aspectos relacionados ao caráter local de moralidades presentes na *panemice*, Da Matta (1967) ao realizar uma análise estrutural do tema, a partir das pesquisas de Charles Wagley (1957) e Eduardo Galvão (1951), traz exemplos associados à recusa em alimentar crianças e amigos, demonstrando uma quebra de modelos de lealdade e de confiança:

> Isto remete-nos para a panema que atinge o caçador ou o pescador porque se recusa a alimentar os seus filhos — «membros da família», aos quais estão ligados por fortes **laços morais**. A recusa frustra a criança (que não pode compreender inteiramente o funcionamento do sistema social); a relação entre ela e o detentor do alimento deixa de ser baseada em atitudes manifestas e aprovadas pela comunidade, como normalmente acontece (Da Matta, 1967, p. 16, tradução e grifo nossos).

> A crença na panema, portanto, permite delimitar alguns conjuntos. Ela permite separar a natureza da sociedade quando estabelece, por exemplo, que alguns alimentos não devem entrar em contato com animais domésticos. Permite aumentar a solidariedade de certos grupos sociais menos coerentes, quando prescreve que um companheiro de caça ou a «família directa» devem receber alguns animais. Portanto, a sua lógica é uma lógica de troca e da comunhão. Se os alimentos passam para categorias distantes e dos quais a classificação é difícil (mulheres grávidas, por exemplo), o caçador

só recebe em troca da ambiguidade que tem a ver com a «direcção» errada tomada pelo alimento. **Da mesma forma, se ele recusar comida a alguém que deveria recebê-la (um amigo, uma criança), a ambiguidade nascida da ruptura dos modelos de lealdade e de confiança, que enfraquece a solidariedade do grupo, ressurgirá sob a forma de incerteza e insegurança quando retornar caçar ou pescar (panema).** Em resumo, o sistema sócio-cosmológico de Itâ opera à maneira do pensamento "selvagem", ligando dois conjuntos, o dos relacionamentos sociais e morais ao interior da sociedade, por um lado, o das relações entre o homem e a natureza do outro (Da Matta, 1967, p. 20, tradução e grifo nossos).

No contexto de Ipiranga, apresentamos proposições acerca da noção de moralidades atreladas ao estado de insucesso do pescador de pirarucu, bem como às práticas tradicionais de prevenção e cura dessa condição. Pesquisas na temática da moral, sob a perspectiva dos próprios comunitários, auxiliam na melhor compreensão dos significados morais presentes na *panemice*, conforme alega Patrice Schuch (2014):

> O foco na variedade e situacionalidade dos sentidos das ações morais pelos agentes elaborados, nas justificações morais que dão aos seus atos, nos relacionamentos e práticas que forjam sujeitos e comunidades morais, tornam-se fundamentais, na medida em que permitem ao pesquisador compreender o que os próprios atores configuram como o(s) domínio(s) da moral (Schuch, 2014, p. 100).

3.4 Considerações preliminares: estados emocionais e *panemice*

Por fim, observo que a relação com o *panema* está presente no dia a dia do pescador de pirarucu, nas relações do pescador, nas ações de socialização de que ele participa, inclusive com pessoas externas à família, e que essas relações são influenciadas pelo ficar e não ficar *panema*. Nesse sentido, o *panema* é uma situação que influencia diretamente na socialização e no relacionamento do pescador de pirarucu com humanos e não humanos. Também observo que o *panema* tem sintomas fisiológicos muito perceptíveis no pescador, como cansaço, sono e estresse. Além disso, há tabus que envolvem falar sobre os processos de cura do *panema*. Os pescadores evitam falar sobre as técnicas de purificação ou remédios de cura do *panema*, pois poderia causar a impressão ou formar juízo de valor de que esse pescador domina técnicas de feitiçaria, causando um mal-estar dentro da comunidade. Por isso, falar sobre remédios para cura do *panema* é evitado. Quando o pescador está *panema* o assunto é restrito apenas à família, pois falar que está *panema* ou que está tomando banho para não ficar *panema* pode causar estranhamento entre os pescadores, eles podem se negar a ir pescar com o pescador com a justificativa de que aquele pescador está *panema* e iria prejudicar o seu sucesso na pesca, fazendo do estado de *panemice* um estado de exclusão.

Um bom pescador em Ipiranga é considerado um pescador feliz; assim, o fraco desempenho na pescaria pode refletir a condição de má sorte que está associada a atitudes que não são bem-vistas pela comunidade como a preguiça e o não cumprimento com os deveres econômicos da família, como pagar as despesas da casa.

É visível também que os rituais de cura não são realizados de qualquer forma entre os pescadores. Existe todo um cuidado entre eles ao realizar os processos técnicos de cura da *panemice*, que não permite, por exemplo, que estes sejam realizados quando não se sabe quem provocou a *panemice*, pois esta pode ter sido provocada sem intencionalidade.

Por isso, em Ipiranga existem normatizações para a realização dos processos de cura. Assim, em Ipiranga as restrições de ações construídas em uma sociedade proporcionam o exercício de condutas tidas como moralmente aceitas, e a quebra das normas e da praxe habitual pode desencadear situações indesejáveis, como ficar *panema*. Um pescador *panema* passa a ter uma reputação duvidosa no tocante à sua disposição como trabalhador e ao êxito nas pescarias de pirarucu.

Também percebo que há uma forte relação entre a cura e a panemice, pois isso envolve o sucesso do pescador durante o marisco; também, a relação entre a cura e a família, principalmente com as mulheres, que são as grandes conhecedoras das propriedades das plantas e produzem os remédios, como os banhos, que atuam para evitar ou curar o *panema*, como descrevo no capítulo a seguir.

"As mulheres têm um papel fundamental no sucesso dos pescadores durante a pesca, são elas que conhecem várias espécies de plantas que são usadas nos rituais de cuidados para prevenir ou se curar do *panema*." (o autor, 2023)

Ilustração de Valente, Á. W. S.

CAPÍTULO 4

O PAPEL DAS MULHERES E A RELAÇÃO COM AS PLANTAS CONTRA A *PANEMICE* NAS PESCARIAS DE PIRARUCU

Neste capítulo, me esforço para fazer uma descrição densa do processo de transmissão de saberes no uso de plantas entre as mulheres contra o *panema* na pescaria de pirarucu. As mulheres de Ipiranga têm uma rotina diariamente relacionada com atividades ditas da casa ou do lar, entre essas atividades está o cuidado com as plantas. As mulheres também pescam e ajudam a pagar as despesas da casa. Diante disso, descrevo neste capítulo a rotina das mulheres, como os cuidados com as plantas e com os filhos, e destaco a relação de gênero que envolve seu dia a dia, inclusive a invisibilização do trabalho da mulher nesse contexto.

Dando continuidade, empreendo descrição e discussão com autores como Brussi (2019); Sautchuk (2015) e Tassinari (2015) sobre a transmissão de saberes, e educação da atenção a partir de Ingold (2010). As mulheres, muito impulsionadas pelas questões de gênero, cuidam das plantas desde quando ainda são apenas meninas, em atividades que mais estão para brincadeiras, diversão, do que para uma atividade de fato no sentido estrito de uma obrigação de trabalho, mas nessas atividades técnicas de cuidados estão sendo ensinadas pelas mulheres e aprendidas pelas meninas, e sobre isso se desdobra minha atenção no texto.

Tendo em vista essas colocações, a divisão do trabalho e de responsabilidade de gênero me chamou atenção porque muitas das ações e atividades tanto das mulheres quanto dos homens são moldadas ou guiadas de acordo com o gênero, ou seja, com a ideia do que se espera que seja o papel de um homem e o que seja responsabilidade de uma mulher conforme se estabelece na comunidade pesqueira Ipiranga.

Por fim, a importância de abordarmos gênero na perspectiva da pesca se torna relevante quando nos atentamos às desigualdades, peculiaridades e implicações que são, na maioria das vezes, silenciadas na sociedade e tidas como normais. Ao abordar o tema de gênero, convido a leitora e o leitor a refletirem sobre os papéis sociais que são atribuídos aos homens e mulheres de forma diferente, o que acaba por causar a desigualdade de gênero. Usualmente, o tratamento diferenciado de gênero não reconhece e nem valoriza a atuação feminina; como exemplo, é comum ouvirmos expressões de que "mulheres são mais emotivas e cuidadosas" enquanto "os homens são mais racionais e competitivos". Essas expressões são usadas para naturalizar que as mulheres sejam mais cobradas pelas atividades que envolvem o cuidar da casa, dos filhos, das plantas, dos quintais e das refeições do marido, e justificar que as mulheres ganhem menos ou que algumas atividades como pescar pirarucu, dirigir um caminhão ou até mesmo administrar uma empresa não possam ser realizadas por mulheres. A importância de estudar o tema de gênero está justamente na possibilidade que a categoria nos oferece para perceber que esses atributos são construções culturais e históricas que variam de acordo com as sociedades, períodos e locais onde as relações acontecem no dia a dia.

4.1 Mulheres pescadoras e a divisão de gênero do trabalho

Ao decorrer da minha investigação etnográfica e das minhas vivências, pude perceber que as mulheres da comunidade Ipiranga possuem uma relação muito próxima à pesca, elas crescem em meio aos lagos e peixes, sobre a canoa no rio, em meio a malhadeiras postas nos terraços de suas casas. A pesca é uma atividade naturalizada entre essas mulheres que mantêm uma rotina diária ligada a serviços domésticos mediados pela divisão de tarefas conforme o gênero (Pinheiro *et al.*, 2021). Na imagem (Figura 7) a seguir podemos ver uma mulher ribeirinha colocando uma malhadeira[35] para pegar peixe para o almoço.

Figura 7 – Mulher ribeirinha pescando de malhadeira, município de Barcelos-AM

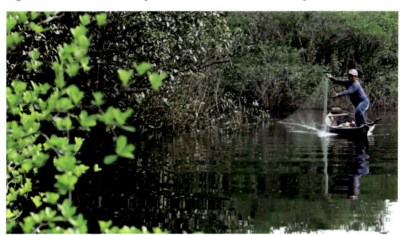

Fonte: Agência Cenarium Amazônia

    Pelo que pude observar, a rotina da maior parte dessas mulheres consiste em acordar antes do marido ou junto com ele para molhar as plantas e preparar o café, e muitas vezes o almoço, enquanto o pescador vai preparar a canoa para pescar, isso por volta das 5h. Por volta das 7h, serve o café dos filhos, quando tem, e prepara os filhos para levar à escola. Posteriormente, na companhia do(a) filho(a) mais velho(a), vão ver a malhadeira para obter o almoço e vender o excesso. Isso ocorre principalmente quando os filhos são pequenos, cerca de 5 a 8 anos. Quando os filhos ficam maiores, principalmente os homens, eles se encarregam de colocar e revistar as redes de pesca bem como fazer outros tipos de marisco.

    Na comunidade Ipiranga, no tempo que se estende entre o café e o almoço, tempo em que as crianças estão na escola, as

---

[35] A malhadeira é um apetrecho de pesca amplamente utilizado na pescaria artesanal na região Amazônica, ajuda a facilitar a captura dos peixes pelos pescadores, diminuindo o tempo de pesca e os esforços do pescador.

mulheres se dedicam a consertar os arreios de pesca do marido ou a outras atividades econômicas, como o crochê, a confecção de tupé,[36] paneiro e até mesmo redes de pesca como tambaquiseira ou malhadeira para pirarucu.

A introdução das mulheres desde pequenas no mundo das plantas e outras atividades "atribuídas ao gênero feminino" está atrelada à divisão social do trabalho entre homens e mulheres. De acordo com Pinheiro *et al.* (2021), a sociedade é quem define o "papel" do homem e da mulher, que historicamente é reforçado pelo patriarcado e machismo, dando privilégios ao sexo masculino, principalmente quando se trata de questões voltadas ao meio rural e na área ribeirinha, pois eles é que são considerados os "chefes de família". O trabalho da mulher como pescadora artesanal nem sempre é reconhecido, e é tratado apenas como uma "ajuda", o que causa vários prejuízos para as mulheres, como não recebimento do seguro-defeso, fato discutido na literatura antropológica sobre divisão do trabalho em sociedades e povos tradicionais (Silva *et al.*, 2010; Kergoat, 2009; Bourdieu, 2012; Costa, 2019).

Silva e colaboradores (2010) apontam em sua pesquisa que as fronteiras entre ser mulher e ser homem tornam-se cada vez mais claras e intransponíveis, visto que se fundamentam em concepções naturalistas e essencialistas de gênero. As identidades de gênero, geralmente, são delineadas com relação ao desempenho de tarefas e funções opostas: o que se espera de um, não se espera do outro. Nesse sentido se opera uma dicotomia que reitera a complementaridade e a ordem que sustenta a distribuição dos papéis sociais.

De acordo com Kergoat (2009), a divisão sexual do trabalho tem a ver com construções sociais existentes, que definem as condições em que vivem homens e mulheres, que estão envolvidos em relações entre os sexos e apresentam sua materialidade expressa na divisão social do trabalho entre eles. Na comunidade

---

[36] Tupé é uma espécie de tapete feito pelas mulheres para colocar na sala de suas casas ou embaixo dos seus mosquiteiros. O tupé é feito das fibras vegetais do arumã, uma espécie de palmeira nativa da Amazônia.

pesqueira de Ipiranga, por exemplo, as atividades masculinas e femininas são bem definidas, isso pelo menos quando as pessoas são crianças; algumas atividades ditas masculinas são realizadas por mulheres, mas isso não é o ideal socialmente; lavar louça e roupa, por exemplo, é coisa de mulher na comunidade, mas alguns homens fazem também, apesar de não ser algo comum. Isso nos revela, na prática, tarefas realizadas de acordo com o gênero. A menina é ensinada a cuidar das plantas, a tratar os peixes, a lavar bem as louças, a varrer bem uma casa; já os meninos se ocupam de ir acompanhar o pai, irmão ou avô a colocar as redes, de ajudar o pai a limpar os caminhos, colocar anzol, pesquisar locais onde tem peixes, ajudar o pai a remar etc.

Bourdieu (2012, p. 60) analisa a divisão sexual do trabalho a partir da visão da dominação masculina e da sua dimensão simbólica. O autor entende que a divisão sexual do trabalho se define como um dos pilares que sustentam a ordem social androcêntrica, funcionando como uma imensa máquina simbólica, que busca ratificar a dominação masculina a partir de uma neutralidade imposta de certa forma que não necessita ações de legitimação. Essa legitimação está presente de forma mais visível na invisibilização das atividades femininas, principalmente na sua contribuição econômica com as despesas da casa, o que abordarei mais detalhadamente no item a seguir. Importante destacar que essa visão estrutural de Bourdieu é, em partes, criticada por Butler (1998), pois essa autora acredita que nas relações entre homens e mulheres há sempre negociações, avanços, recuos, consentimentos, revoltas, alianças, não se caracterizando como uma rede estável. Fato que ficou evidente em exemplos de Ipiranga, citados anteriormente no presente texto, quando algumas mulheres pescam mesmo sendo considerada atividade predominantemente masculina.

Observo que a maior parte das atividades voltadas para as mulheres estão relacionadas com os cuidados, como: cuidar dos filhos, da casa, das plantas etc. Costa (2019) demonstra em seus estudos que a tarefa de cuidar foi atribuída às mulheres, e essa ideia está sustentada nas relações construídas a partir da ordem de dominação masculina imposta na sociedade. Segundo essa mesma autora:

> A lógica que vincula as mulheres ao cuidado com as crianças, os idosos e a família determinou que trabalhos relacionados à saúde e à educação fossem compreendidos como menos importantes dentro da sociedade pelo fato de serem atribuídos às mulheres, [...]. (Costa, 2019, p. 63).

Dessa forma, o trabalho doméstico é visto de uma forma enviesada pelas relações sociais de uma sociedade cis-heteronormativa capitalista, tudo aquilo que não está voltado para a renda (atividade econômica, considerada responsabilidade masculina) é considerado menos importante, mesmo que as atividades desenvolvidas pelas mulheres, como o cuidado com as plantas, que são essenciais para que o marido possa fazer uma pesca bem-sucedida, sejam consideradas atividades menores. Tendo em vista o conceito de família nuclear composta por homem, mulher e filhos. Nesse sentido, a invisibilização de gênero acontece tanto quando a mulher não é vista como apta para exercer outras funções fora do nicho de "atividades femininas" quanto quando famílias chefiadas por mulheres não são consideradas famílias.

4.2 Atividades econômicas: pesca e relações de gênero

As mulheres contribuem na renda familiar da casa, não são só os pescadores de pirarucu que se ocupam de sustentar economicamente a família. Na ausência do marido, as mulheres também praticam a atividade, porém pescam peixes menores e com valor econômico bem abaixo do pirarucu. Ao abordar o papel da mulher na contribuição com a renda da casa e a situação da mulher na pesca artesanal, pesquisas como as de Torres e Santos (2011), Maldonado (1986), Maneschy (1995) e Assarella (2009) apontam que a atividade de pequena escala, a chamada pesca artesanal, caracteriza-se por uma visível divisão sexual e social do trabalho e desvalorização das atividades realizadas pelas mulheres, como baixa remuneração e invisibilização dos trabalhos exercidos pelas mulheres, tidos como "ajuda" nas atividades de casa.

Torres e Santos (2011) destacam em sua pesquisa com as mulheres pescadoras na comunidade do Lago dos Reis, no município de Carreiro da Várzea, no Amazonas, a componente do machismo que se encontra de forma expressiva diante da relação que os maridos estabelecem com as mulheres. Eles assumem a guarda dos dividendos financeiros recebidos pelas mulheres decorrente das vendas de seus produtos. Essas mesmas autoras foram alertadas por um dos seus entrevistados que poderiam não encontrar as mulheres durante o dia nas suas casas, devido a elas estarem envolvidas nas atividades de pescas, demonstrando a participação intensiva nessa comunidade das mulheres na atividade pesqueira.

Maldonado (1986) demonstra que as atividades desenvolvidas fora do barco, "de terra", são diferenciadas das atividades realizadas em alto-mar, inclusive em suas diferenças econômicas. A autora mostra que as mulheres estão imersas nas atividades econômicas da casa, apesar de isso implicar desvalorização do trabalho como se fosse algo menos relevante:

> No Brasil ocorre com frequência considerável que os membros de famílias que não fazem parte das tripulações, que são em geral mulheres e crianças, desempenhem tarefas consideradas de terra. Algumas dessas tarefas, no entanto, ocorrem no mar raso, diferentes tanto na sua natureza como no valor da produção pesqueira propriamente dita, que se dá no mar alto e cujas tarefas são especificamente dos homens. (Maldonado, 1986, p. 19).

De acordo com essa mesma autora, a ausência da atuação das mulheres na pesca em alto-mar possibilita que as mulheres realizem todas as atividades da casa, e nisso está a importância invisibilizada do trabalho da mulher, que apresentado ou feito entender como uma ajuda permite aos pescadores maior capacidade para suportar o desgaste físico-emocional ocasionado pelos riscos, instabilidades e exigências que a atividade pesqueira produz para o pescador. Assim, com a mulher assumindo todas as outras responsabilidades, como cuidar das atividades domésticas (cuidar dos filhos, cuidar da casa, cuidar da alimentação das crianças etc.), isso permite que o marido pescador se dedique exclusivamente à atividade pesqueira (Maldonado, 1986).

Maneschy (1995) aponta que as dificuldades encontradas para a sobrevivência das famílias nessas comunidades exigem que toda a força de trabalho em condição de atuação em alguma atividade econômica seja disponibilizada para ajudar na renda e manutenção do lar. Assim, a participação de mulheres, crianças e idosos se faz presente, demonstrando que as tarefas e atividades pesqueiras envolvem o trabalho de mulheres adultas e meninas, conforme menciona a pesquisadora: "As necessidades de sobrevivência das famílias de pescadores, agora mais dependentes do mercado, continuam a exigir o trabalho das mulheres, assim como das crianças e dos idosos em condições de trabalhar" (Maneschy, 1995, p. 150).

Desse modo, mulheres e meninas vão somando na contribuição da economia da casa. Assarella (2009) aponta a participação das mulheres nas atividades pesqueiras e na economia da unidade familiar; porém, chama atenção para as trajetórias vivenciadas pelas trabalhadoras que mostram que a presença da mulher na pesca ainda é marcada por diversas barreiras que impedem o reconhecimento de seu trabalho como uma atividade produtiva.

Assarella (2009) ao descrever o cotidiano das mulheres da Vila São Miguel, no RS, mostra uma rotina totalmente voltada às atividades da casa e mesclada com atividades econômicas. As atividades econômicas praticadas pelas mulheres, por terem rendimentos menores que as atividades praticadas pelos homens, são consideradas como menores ou economicamente menos rentáveis, o que contribui para o apagamento da participação das mulheres na economia da casa:

> O cotidiano das trabalhadoras entrevistadas é marcado por diversas atividades que incluem tarefas domésticas e atividades da profissão. Logo cedo, às seis horas da manhã, após a chegada dos barcos de pesca, as trabalhadoras já iniciam sua atividade separando os siris e camarões das caixas de pescado. Só param o trabalho para fazerem o almoço, lá pelas dez horas da manhã. À tarde cuidam da casa, dos filhos, do pagamento de contas. Ao entardecer, por volta das 16 horas, as mulheres começam a organizar o material para os maridos levarem para o mar; remendam redes, separam roupas mais quentes para eles se aquecerem durante a noite e algum alimento para a refeição no mar. À noite, após a saída dos maridos, ainda colocam o jantar na mesa para os demais familiares e quando é possível, assistem a algum noticiário ou telenovela. (Assarella, 2009, p. 184).

Após análise, a autora constata uma rotina diária compreendida entre os afazeres domésticos e o trabalho na pesca, que é muito similar à relação que observamos das mulheres na comunidade Ipiranga, onde as mulheres estão envolvidas diretamente na pesca de pequenos peixes na beira do rio, na confecção e reparo dos apetrechos de pesca, no tratamento e preparo dos peixes. Além de pescarem para o consumo, suficiente para seu alimento e dos filhos, elas também vendem os excessos nas geleiras,[37] pois os maridos pescadores de pirarucu costumam passar uma semana no lago.

Por fim, analiso essa relação das mulheres com afazeres domésticos em Ipiranga muito marcada pela divisão dos gêneros: "isso é coisa de mulher" ou "isso é coisa de homem", como eles relatam. Diante disso, a renda das mulheres, seja adquirida por meio da pesca de pequenos peixes ou por outra fonte, é sempre encarada como uma pequena ajuda, nunca como uma renda importante de fato, o que acaba por invisibilizar as mulheres, causando um

---

[37] "Geleira" é o nome que os pescadores dão aos barcos usados pelos compradores de peixes, chamados de "geleiros", na região. Esses barcos servem para armazenar os peixes e evitar que entrem em decomposição. Para conservar o peixe até que ele chegue ao consumidor final, os geleiros utilizam gelo, daí a origem da expressão "geleira".

apagamento da sua participação, seja na pesca, seja no cuidado com a casa e os filhos, seja na participação direta no sucesso do marido na pesca por meio de remédios.

4.3 Transmissão de saberes e experiências sensoriais no uso de plantas contra a *panemice*

As mulheres têm um papel fundamental no sucesso dos pescadores durante a pesca, são elas que conhecem várias espécies de plantas que são usadas nos rituais de cuidados para prevenir ou se curar do *panema*, conforme mencionei anteriormente no capítulo 3. O segredo por trás de todo esse conhecimento está no compartilhamento geracional de informações entre as mulheres, e principalmente na aprendizagem com suas mães enquanto preparam os banhos, numa teia de relações e práticas diárias de cuidados com as plantas. A seguir, mostro um canteiro suspenso com plantas cuidadas pelas mulheres na comunidade Ipiranga (Figura 8).

Figura 8 – Canteiros de plantas preparados pelas mulheres utilizados por famílias de pescadores da comunidade Ipiranga

Fonte: o autor, 2023

Na comunidade Ipiranga o cuidado com as plantas é ensinado desde muito cedo para as meninas, antes mesmo de fazer o café para a família, as mulheres cuidam de molhar as plantas, isso porque molhá-las quando o sol começa a ficar mais quente pode causar um choque térmico e as plantas não se desenvolverem como se espera; é nesse sentido que De Sousa e Da Silva (2018) relatam que aprender nas comunidades ribeirinhas é iniciar a vivência no mundo comunitário e nos seus rituais, começando desde a infância e seguindo ao longo da vida. Nessas comunidades, o ensino dos conhecimentos comunitários compete a todos, realizando-se a partir da convivência entre as gerações durante as atividades diárias.

Cuidar das plantas é uma atividade diária, é preciso molhar as plantas com a quantidade adequada de água e saber como jogar a água nas plantas. Geralmente as mães colocam as filhas mais velhas para ajudá-las nesse processo; é dada uma lata pequena como uma lata de leite ou de aveia (500ml) para a menina ajudar a mãe a carregar água durante o período do verão, ou puxar, na época do inverno.

Na comunidade Ipiranga as plantas são colocadas em canteiros[38] suspensos sobre palafitas (Figura 8) para evitar que a água do rio chegue até elas. Por ser um ecossistema de várzea onde se localiza a comunidade, a região é periodicamente inundada e está sob o regime hidrológico do rio Amazonas, que é bastante dinâmico. Na época do inverno as águas inundam o local e por isso os canteiros são construídos sobre as palafitas para que as plantas não sejam atingidas pela enchente. Geralmente são confeccionadas caixas de madeiras ou suspensas canoas velhas, que não servem mais para uso dos pescadores, e assim servem de base para colocar o estrume, que são misturas compostas de dejetos de búfalas (*Bubalus bubalis*) e boiados, queimados. Na Figura 9, a seguir, vemos o estrume preparado pelas mulheres dentro de uma

---

[38] São estruturas de madeira feitas para suportar as caixas de plantas em cima, na várzea, são construídas sobre estacas que elevam as moradias a fim de evitar a invasão pelas águas dos rios.

panela de alumínio e uma caixa feita de madeira, que são usadas para fazer o armazenamento do material.

Figura 9 – Estrume preparado e usado pelas mulheres para plantio na comunidade Ipiranga

Fonte: o autor, 2023

A preparação do estrume passa por todo um processo de produção, que exige técnica e muita habilidade, inclusive olfativa, pois a mulher reconhece quando o estrume está no ponto certo de queima pelo cheiro que está emitindo.

> O adubo aqui é uma mistura, a gente pega terra velha de buiado aí, junta merda do boi, tem é muito aí nesses currais de prender os bois. A gente pega o estrume do boi quando ele já tá seco, mas tem que queimar para poder matar a maior parte das bactérias e tirar a fortidão da urina que mata a planta, mas tem que saber queimar, senão passa do ponto; depois a gente mistura com o

> *boiado velho, tem que ser aquela terra de boiado bonita senão nasce muito mato. Esses boiados sentados que é bom, já estão virando terra e às vezes a gente queima também.* (Joana Barros, 2023, informação verbal).

Assim como o pescador é responsável por atiçar os sentidos do filho para que perceba as marcas deixadas pelos peixes na vegetação, como debatido neste estudo (Capítulo 3), as mulheres também são responsáveis por atiçar os sentidos das filhas para perceber por meio do sentido olfativo o cheiro, o ponto exato de que o estrume precisa queimar. É nesse sentido que Le Breton (2016) argumenta que a antropologia dos sentidos se respalda na argumentação de que "percepções sensoriais não dependem somente de uma fisiologia, mas em primeiro lugar de uma orientação cultural deixando uma margem a sensibilidade individual"; assim, essas concepções "formam um prisma de significações sobre o mundo, mas elas são modeladas pela educação e utilizadas segundo a história pessoal" (p. 14). Com isso Joana Barros vai nos revelando os diversos sentidos que são mobilizados pelas mulheres para o cuidado e aprendizado na relação que estabelecem com as plantas.

Figura 10 – Mulher ribeirinha plantando mudas de cebolinha em uma caixa de madeira com estrume de dejetos de búfalos e boiados queimados

Fonte: o autor, 2024

    Cuidar das plantas exige, em Ipiranga, técnica específica; aqui estou fazendo uso do termo a partir da colocação de Mauss ([1934] 2004), sendo a técnica um ato tradicional eficaz, transmitido geracionalmente, que não difere do ato mágico, religioso e simbólico, como discutido no capítulo 2 deste trabalho.

    Para que a planta não morra, por exemplo, tirar cebolinha do canteiro, apanhar pimenta, colher as folhas do manjericão, tudo isso exige — da pessoa que vai colher — técnicas específicas para que o simples fato de colher uma cebolinha não acabe matando a planta.

> *A cebolinha está boa para ser colhida quando a pontinha dela começar a amarelar, aí já pode colher, assim a gente colhe e faz uma limpeza na caixa ao mesmo tempo, essas meninas aí já sabem como é que faz, se*

> *tirar a cebolinha puxando, vai matar a planta, porque vai arrancar a raiz, não, a gente tem que cortar ela bem rente à raiz.* (Joana Barros, 2023, informação verbal).

Nesse sentido, Mauss ([1934] 2004) apresenta a técnica como um ato tradicional, que faz parte da tradição de um povo, "não há técnica e tampouco transmissão se não há tradição. É nisso que o homem [ser humano] se distingue sobretudo dos animais: pela transmissão de suas técnicas e muito provavelmente por sua transmissão oral" (p. 217).

Para a coleta de cebolinha, por exemplo, é preciso estar atento a cada detalhe, caso contrário as "touceiras" de cebolas ficarão com uma cor amarelada, e consequentemente perdem seu cheiro e ficam inúteis para o uso. As mulheres plantam ervas como folha de limão-grande, gengibre, folha de alho, hortelãzinha, folhas de ervas doces, pião-roxo etc. Também plantam cebolinha, coentro, alfavaca, pimenta-malagueta, tomate, pimenta-cheirosa, limão, pimentão, chicória etc.

> *Cada planta precisa de uma terra adequada, não se planta tomate e nem pimentão com a mesma terra da cebola, eles são mais resistentes, se a terra tiver forte, não vão morrer e vão ficar mais bonitos, tem que saber porque, como eles estão plantados em caixas, as terras têm que ser bem preparadas para a planta não morrer.* (Joana Barros, 2021, informação verbal).

Na fala de Joana Barros, observamos que, além de conhecerem várias espécies de plantas, essas mulheres também detêm um verdadeiro arsenal de técnicas sobre cultivo e manutenção das plantas que permitem a sua sobrevivência.

Figura 11 – Caixas de plantas em canteiro preparado e utilizado pelas mulheres da comunidade Ipiranga

Fonte: o autor, 2022

Charão-Marques *et al.* (2018) entendem que o envolvimento das mulheres com as plantas está relacionado ao cuidado, e envolve, de forma mais abrangente, interseccionado por outros elementos como o gênero, as reivindicações por melhoria de qualidade de vida, "emancipação das mulheres, luta contra violência doméstica, visibilização do trabalho feminino, provocando a crítica ao desenvolvimento como processo homogeneizante e legitimado unicamente pela ciência moderna" (p. 130).

Esse entendimento está relacionado à luta das mulheres e envolve os canteiros de plantas, pois essa área "parece ter sido reservado quase que exclusivamente para as mulheres, a partir disso, sendo significada como um espaço de resistência" (Charão--Marques, 2015, p. 168). Tal relação, contudo, mobiliza um amplo repertório de conhecimentos como os cuidados com os filhos, com a casa, com o marido e consequentemente com as plantas, "parte associado à biodiversidade, parte relativo às relações sociais estabelecidas pela ação coletiva em torno do tema" (Charão-Marques, 2015, p. 167).

Acontece que, quando se trata de geração de renda, as mulheres são vistas como instrumentos para o bem da família, ligadas aos canteiros e quintais; já os homens, ligados aos espaços ditos produtivos e de geração de renda, os espaços públicos, são vistos como provedores, que geram renda, o que acaba resultando em uma sobrecarga de trabalho e responsabilidade para as mulheres. Em Ipiranga, por exemplo, as mulheres também são responsáveis pela renda da casa, mesmo isso sendo considerado como uma ajuda.

Na literatura que aborda a relação das mulheres com os quintais, como em Pinilla e Oliveira (2019); e Carneiro (1996), percebemos que as mulheres estão diretamente relacionadas com as atividades ligadas aos canteiros/quintais, daí o conhecimento sobre as propriedades e técnicas específicas para o seu desenvolvimento. No caso da várzea, um ecossistema sujeito a inundação, durante o período de cheia as mulheres criam literalmente "quintais" em miniatura em canteiros suspensos em suas casas. Pinilla e Oliveira (2019) constatam que são as mulheres as responsáveis pelas tarefas ligadas aos cuidados com os quintais, locais onde são cultivadas as plantas, "culturalmente, são as mulheres as responsáveis pelas tarefas ligadas ao desenvolvimento e manutenção dos quintais, incluindo a preparação da terra, limpeza, colheita e o armazenamento de sementes" (p. 128).

É importante ressaltar que aqui a noção de saber e conhecimento está sendo tomada a partir de Martinic (1994, p. 73), que entende o conhecimento popular como:

> Conhecimentos, maneiras de compreender e de interpretar, que cotidianamente resultam ser necessários para um adequado desenvolvimento social. É o acervo de conhecimento que, entre os setores populares, garante a reprodução e produção do mundo social ao qual pertence. Este conhecimento proporciona um conjunto de objetivações, certezas e parâmetros que permitem ao sujeito compreender sua experiência e, ainda mais, fazê-la inteligível para os demais. Saberes são,

> portanto, conhecimentos, formas de compreensão da realidade segundo a qual determinados grupos reinventam o cotidiano, criam táticas de sobrevivência, transmitem seus saberes e perpetuam lá seus valores e tradições. (Martinic, 1994, p. 73).

Nesse sentido, o conhecimento é um saber que contribui para o desenvolvimento e a organização de uma sociedade, permitindo que ela compreenda e se organize em relação à realidade em que está inserida. Esses saberes ajudam nas decisões cotidianas, nas táticas de sobrevivência e orientam valores e tradições de cada grupo social.

Júlia Brussi (2019), em seu texto "Fazendo renda em casa e 'no curso': aprendizagem na prática", destaca como se constrói a aprendizagem no dia a dia, o que se dá, de acordo com essa autora, através da conexão com um campo de relação e da prática social cotidiana, como podemos ver a seguir:

> A rendeira se constitui e se constrói por meio da atividade da renda, na prática e no engajamento com sua almofada, bilros e linhas. A aprendizagem de uma habilidade está conectada a um campo de relações e, como vimos, tal campo e os elementos que o constituem é o mesmo no caso do processo de aprendizagem doméstico ou no curso. Em ambos os contextos, portanto, um mesmo tipo de pessoa (ou rendeira) é formada. Nesse sentido, não é pertinente pensarmos o processo de aprendizagem da renda em termos de educação "formal" ou "informal", mas enquanto uma prática social cotidiana. (Brussi, 2019, p. 138).

Por ser uma atividade das mulheres, a relação com as plantas em Ipiranga desenvolve-se muito cedo e se mantém constantemente. É nesse sentido que observo semelhança com o que foi descrito por Brussi (2019), que a prática social cotidiana e a relação de envolvimento nesse sistema em que cuidar das plantas é atividade feminina contribuem para que as mulheres desenvolvam e aperfeiçoem grandes habilidades e conhecimentos sobre as técnicas de cuidados e entendimentos sobre as propriedades das plantas por elas cultivadas.

Em pesquisa sobre a aprendizagem com os pescadores, Sautchuk (2015) defende a ideia da aprendizagem como gênese simultânea da pessoa e de um sistema de relações, onde as técnicas são apreendidas de acordo com os estágios de desenvolvimento do pescador e envolvidas dentro de um campo de relações domésticas, onde o jovem pescador não está de forma passiva nesse processo, mas pode estar "atento", focando sua atenção nas minúcias do processo, o que considero ser a tradução ou a descrição mais adequada para esse caso. Não basta estar presente no ambiente, tem que participar; por exemplo, para saber, através do sentido olfativo, que o estrume está no ponto certo de queima, é preciso que a menina esteja atenta ao processo; é importante destacar que esse mesmo movimento é percebido entre os pescadores de pirarucu em Ipiranga quando levam os seus filhos para o lago e ensinam o menino a ouvir e diferenciar os tipos de boiada do pirarucu em cima e debaixo da água como descrito no capítulo 2 deste trabalho.

Joana revela como o atinar ou estar atento envolve a educação da atenção (Ingold, 2010), já mencionada em discussão anterior sobre as formas de aprender das meninas em relação ao jeito correto de plantar, regar e colher as plantas por elas cultivadas em seus quintais sobre as palafitas:

> *Tem que atinar quando a gente tá fazendo as coisas. Não tem muito mistério na plantação da muda, não, tem que usar uma terra boa e molhar direitinho, mas tem gente que não é assim, faz as coisas de qualquer jeito e depois fica reclamando que não tem mão boa para plantar* (Joana Barros, 2023, informação verbal).

O *atinar*, mencionado por Joana, durante a realização de pequenas atividades, se assemelha à educação da atenção (Ingold, 2010), no qual as orientações dadas pela mãe sobre o cheiro que o estrume emite quando está no ponto certo da queima e o jeito certo de molhar e colher as plantas estariam desenvolvendo os sentidos e as funções motoras para manipular, para cuidar das plantas e poder usar as técnicas mais adequadas para cultivá-las. Tassinari (2015), no texto "Produzindo Corpos Ativos: a aprendizagem das crianças indígenas e agricultoras através da participação nas atividades produtivas familiares", reconhece alguns aspectos comuns dos processos de aprendizagem, como a centralidade da experiência e da corporalidade, a atenção aos esforços de imitação, a ênfase na iniciativa dos aprendizes e a atribuição progressiva de responsabilidades, que tem muito a ver com as atribuições conferidas a muitas meninas ao receberem uma pequena lata para ajudar a mãe a molhar as plantas ou fazer a retirada de cebolas nos canteiros.

Sabendo desse conhecimento aguçado das mulheres sobre as propriedades das plantas, é que os pescadores de Ipiranga recorrem às mulheres para preparar os banhos que podem curar ou simplesmente evitar que eles fiquem *panema*. Em diversas regiões da Amazônia vamos encontrar pessoas que fazem remédios para curar doenças e feitiços com uso de plantas. Sousa e Silva (2018), por exemplo, em estudo na comunidade Enseada do Aritapera, no município de Santarém, no oeste do Pará, identificam práticas tradicionais de cura que também são conhecidas como medicinas tradicionais, "que se estabelece a partir da estrutura mítica do lugar relacionada principalmente às benzedeiras" (p. 133). Em Ipiranga, apesar de existirem as funções específicas de benzedeiras, puxadeiras e parteiras, relacionadas à prática de saúde e cura, as mulheres em geral possuem domínio para preparo e uso de remédios para mau-olhado, inveja e quebranto. Assim, a comunidade recorre aos serviços de um curandeiro principalmente em caso de feitiço.

4.4 Considerações preliminares: transmissão de saberes entre as mulheres

Antes de tudo, diante do exposto, observo que o contato com as plantas e as ações que são atribuídas às mulheres proporcionam um conhecimento aguçado sobre suas propriedades e técnicas de cultivo. Esses saberes são incrementados no dia a dia das mulheres, estimulando o desenvolvimento de técnicas e treinando o corpo para estimular os sentidos que proporcionarão a continuação e perpetuação da tradição na qual essas relações repousam, isso ligado a uma rede de relações e cuidados. Essas vivências interseccionadas pelo gênero estão fundamentadas na cultura dos ribeirinhos; o papel do cuidado como função da mulher, embora assuma distintas nuances, segue sendo entendido (e, muitas vezes, naturalizado) como sendo uma "tarefa das mulheres", o que contribui para que o trabalho da mulher seja tido apenas como uma ajuda. Porém, as mulheres estão desenvolvendo atividades relacionadas à geração de renda e o aprimoramento de técnicas de cultivo nas suas canoas, casas e nos seus quintais; atividades que são associadas ao que podemos chamar de construção do papel feminino da mulher ribeirinha.

Por fim, destaco a semelhança no processo de aprendizagem das mulheres com a aprendizagem de técnicas de captura de pirarucu entre os jovens (capítulo 2), relacionada à educação da atenção de sentidos, no caso dos meninos, percebendo as marcas deixadas na vegetação e os sons emitidos pelo pirarucu ao boiar; no caso das meninas, o treinamento do sentido olfativo para perceber o ponto exato da queima do estrume para o cultivo de plantas. Assim, na prática do dia a dia os sentidos são impulsionados para atuarem como orientação técnica na realização das atividades, como a preparação dos estrumes usados nos canteiros das mulheres ribeirinhas.

CAPÍTULO 5

CONSIDERAÇÕES FINAIS

A pesca abarca quase todos os níveis da vida do pescador, todas as relações passam por uma influência para evitar o estado de insucesso na pesca. Assim, o objetivo geral deste estudo foi entender como a pesca de pirarucu na comunidade Ipiranga organiza as formas de se relacionar com o ambiente e mobiliza saberes, técnicas, gêneros e emoções para evitar ou curar o panema relacionado à pesca de pirarucu. Diante do desafio, empreendi pesquisa junto aos pescadores de Ipiranga, meus familiares, e respondi tais questionamentos ao longo de três capítulos que tratam sobre o desenvolvimento deste trabalho.

No capítulo 2, verifiquei que para a pesca de pirarucu é preciso conhecer um repertório multifacetado de técnicas e possuir habilidades corporais. Também é preciso compreender a sensibilidade dos peixes, os quais conseguem identificar a presença dos humanos, aliado à percepção sensorial dos pescadores, que reconhecem a presença dos peixes.

O aprendizado sobre as técnicas de pescaria de pirarucu é considerado pelos pescadores como um dom divino e repassado aos mais antigos, que com o passar do tempo foram aprimorando a técnica para proporcionar maior agilidade e eficácia na captura e repassando aos seus filhos. O pai é o responsável por investir no repasse de técnicas de captura do pirarucu aos filhos, principalmente ao filho mais velho. Sendo também responsável por incentivar os sentidos dos filhos para que percebam as marcas deixadas pelos peixes na vegetação, no solo e na água, bem como estimula a percepção de cada ruído, seja durante a movimentação aquática ou aérea, seja durante o mastigar do animal, seja no barulho emitido durante a respiração no *buiar*. A aprendizagem entre os pescadores de Ipiranga faz parte da cultura, por meio das observações empíricas, do contato direto, do acompanhamento e da participação do que é vivenciado no dia a dia da família do pescador.

Assim, entre os pescadores de Ipiranga, são aplicadas formas pedagógicas de ensino próprias dos pescadores, baseado na empiria e na participação dos neófitos, repousando na oralidade e na prática do dia a dia, o que é bastante divergente da educação formal à qual estamos acostumados no sistema escolar.

Assim como o pescador empreende seus esforços pedagógicos de ensino de suas técnicas e percepções sensoriais aos seus filhos, as narrativas ribeirinhas de Ipiranga apontam que os pirarucus adultos também transmitem intencionalmente suas técnicas e orientações de alimentação e de fuga aos seus filhotes para que possam identificar, localizar e "pescar" suas presas, como também reconhecer seus predadores e escapar. As narrativas envolvendo o pirarucu em Ipiranga apresentam-no como peixe perspicaz, astuto e habilidoso, que consegue pensar e repassar o aprendizado aos seus filhotes.

Constato no capítulo 3 que a causa da *panemice* é atribuída às falhas de ações no processo técnico realizado em alguma das etapas que envolvem a pesca, sendo o estado *panema* mais comum para aqueles que pescam pirarucu. A *panemice* provoca alteração no estado físico e de humor de quem contraiu o *panema*, caracterizado pela sensação de indisposição, cansaço, sono e preguiça para realização da pesca. Quando o pescador está *panema* e vai pescar ele fica impaciente e o pirarucu consegue facilmente sentir sua presença e escapar.

Um bom pescador em Ipiranga é considerado um pescador feliz. Assim, o fraco desempenho na pescaria pode refletir a condição de má sorte promovida por certas atitudes que fogem ao conjunto de valores locais. Diante disso, observamos neste texto que em Ipiranga as restrições de ações construídas em uma sociedade proporcionam o exercício de condutas tidas como moralmente aceitas e a quebra das normas e da praxe habitual pode desencadear situações indesejáveis, como ficar *panema*. Para um pescador, tornar-se *panema* é passar a ter uma reputação duvidosa, aqui no tocante à sua disposição como trabalhador e ao êxito nas pescarias de pirarucu, bem como nas responsabilidades com a mulher e a família, pois deve ser tido como bom marido que dá conta de sustentar a casa. Caso contrário, passa a ser considerado um pescador preguiçoso e irresponsável, sendo excluído de certas atividades de socialização, como as pescas coletivas, e servindo de chacota entre outros pescadores.

Ao realizar o processo de cura do *panema*, os pescadores são bastante cautelosos, evitando fazer uso dos remédios de cura se souberem que quem os deixou *panema* foi uma mulher grávida, pois realizar o remédio de cura contra gestante pode provocar malefícios à mãe e ao bebê, e até aborto, o que é localmente considerado pecado. Por isso, existem normatizações para a realização dos processos técnicos de cura, que não podem ser praticados quando não se sabe quem provocou o estado *panema*. Esse cuidado consiste em uma forma de assegurar a condição de dignidade ao pescador. Nesse processo de cura, entra em ação a participação das mulheres, que são as responsáveis pela realização dos remédios de cura devido à sua imersão no universo das plantas, que descrevi no capítulo 4 deste trabalho.

No capítulo 4, observo que a imersão das mulheres nos canteiros de plantas e o contato diário com elas possibilitam um conhecimento aprofundado sobre as propriedades e técnicas de cultivo. Esse aprendizado está ligado a uma rede de relações e à prática cotidiana de contato e cuidado com as plantas. Desde a infância, as mulheres iniciam esse vínculo, acompanhando suas mães em diversas atividades do dia a dia.

Assim como os pescadores e os pirarucus investem em técnicas de transmissão de saberes aos seus filhotes (capítulo 2), as mulheres também têm suas próprias pedagogias de ensino, que, como no caso dos pescadores, são baseadas na empiria e na participação das meninas, repousando na oralidade e na prática do dia a dia. As mulheres também usam os sentidos; assim como os pescadores vão estimular a visão e a audição dos meninos, elas estimulam o sentido olfativo das meninas, necessário para preparar adubos que serão usados para plantar as plantas nos canteiros de suas casas.

As atividades das mulheres são fortemente marcadas pela divisão de gênero, como o cuidar das plantas e das crianças, atividades consideradas "coisa de mulher". Dentro dessas vivências, interseccionadas pelo gênero, as mulheres desenvolvem diversas atividades que são invisibilizadas pela naturalização de que atividades econômicas são realizadas apenas por homens. No caso das mulheres, suas atividades são consideradas como ajuda e não são consideradas relevantes e nem econômicas, que poderiam ajudar a pagar as despesas da casa, como são percebidas as atividades desenvolvidas pelos homens.

5.1 Desafios metodológicos da pesquisa

Destaco nesta pesquisa as dificuldades para realizá-la, como o deslocamento para a comunidade, distante sete horas de barco da cidade de Prainha. É importante ressaltar que assuntos como murundangas, remédios para *panemice* e banhos de livramento da *panema* não são temas que todo pescador vai querer comentar, pois são considerados tabus dentro da comunidade. Bastante associados à feitiçaria e proibido pela igreja, conhecer as fórmulas de preparos dos remédios para prevenir ou curar a *panemice* pode ser perigoso. Assim, os pescadores podem cortar relações de amizades e até responsabilizar o pescador que detém esses conhecimentos por malefícios ou *panema* que passa a outro pescador na comunidade.

Também destaco a falta de estudos acadêmicos sobre a comunidade Ipiranga, o escasso acervo de pesquisas sobre as mulheres ribeirinhas e pescadores no oeste do Pará, bem como análise das relações de gênero e transmissão de saberes nessa região.

Destaco ainda as dificuldades que encontrei durante a pandemia de covid-19. Sem poder realizar as etnografias *in loco*, precisei adiar a etapa de campo. Além disso, é preciso considerar as dificuldades de comunicação que os pescadores e as pescadoras apresentam, pela falta de domínios das ferramentas de comunicação à distância, como WhatsApp.

5.2 Proposições para estudos futuros baseados nos resultados da presente pesquisa

Certo de que foi atendido o objetivo geral deste estudo, entendo que o *panema* revela não apenas uma "crendice" dessa comunidade, mas um modo de vida específico, uma forma de ver e se relacionar com o mundo e com as pessoas, ou seja, ontologias próprias ribeirinhas. Indico para o futuro um estudo mais aprofundado das propriedades das plantas, uma catalogação das espécies mais detalhada do acervo que as mulheres cultivam e seus canteiros, bem como estudos detalhados sobre a relação de gênero e a importância das mulheres na economia local. Também é importante a realização de um estudo aprofundado e transdisciplinar entre biologia e antropologia sobre a possibilidade dos peixes, aqui no caso do pirarucu, ensinarem seus filhotes a se defenderem dos predadores e a conseguirem alimentos.

REFERÊNCIAS

ALENCAR, Edna; SOUSA, Isabel Soares. Aspectos socioambientais da pesca manejada de pirarucus (*Arapaima gigas*) no sistema de lagos Jutaí-Cleto, Reserva de Desenvolvimento Sustentável Mamirauá, AM. **Amazônica**: Revista de Antropologia, v. 9, n. 1, p. 36–71, 2017.

ALENCAR, Edna. **Pescadeiras, companheiras e perigosas**: a pesca feminina na Ilha de Lençóis. 1991. 190 f. Dissertação (Mestrado em Antropologia) — PPGAS, UnB. Brasília, 1991.

ALMEIDA, Mauro William Barbosa de. Caipora e outros conflitos ontológicos. **R@u**: Revista de Antropologia da UFSCar, v. 5, n. 1, p. 7–28, 2013.

ASSARELLA, Simone Simões. O trabalho feminino no contexto da pesca artesanal:: percepções a partir do olhar feminino. **SER Social**, [*s. l.*], v. 10, n. 23, p. 171–194, 2009. DOI: 10.26512/ser_social.v10i23.12956. Disponível em: https://periodicos.unb.br/index.php/SER_Social/article/view/12956. Acesso em: 20 mar. 2023.

BARBOZA, Roberta Sá Leitão. **Etnoecologia, pesca e manejo comunitário de quelônios aquáticos na várzea do Baixo rio Amazonas**. 2012. 236 f. Tese (Doutorado em Ecologia Aquática e Pesca) – PPGEAP, UFPA, Belém, PA, 2012.

BARBOZA, Roberta Sá Leitão; BARBOZA, Myrian Sá Leitão; PEZZUTI, Juarez Carlos Brito. "Estava pescando de malhadeira, vi na praia uns cascos brilhando, era luar, abeirei a terra e fui pegar": práticas de pesca de quelônios na várzea Amazônica (Santarém-PA). **Amazônica**: Revista de Antropologia, Belém, v. 5, n. 3, p. 622–653, 2013. Disponível em: http://repositorio.ufpa.br/jspui/handle/2011/11071. Acesso em: 15 maio 2022.

BISPO DOS SANTOS, Antonio. 2019. **Palestra**. Módulo II: Confluência da periferia. Significações da periferia: representações, confluências e transgressões. Disponível em https://www.youtube.com/watch?-v=RiKAU5oGgRE Acesso em: 10 maio 2022.

BLECKMANN, Horst; ZELICK, Randy D. Lateral line system of fish. **Integrative zoology**, v. 4, n. 1, p. 13-25, 2009.

BOURDIEU, Pierre. **A dominação masculina**. Tradução de Maria Helena Kühner. 11. ed. Rio de Janeiro: Bertrand Brasil, 2012. 160 p.

BRAGA, Leonardo Viana. Panem: sobre seu viés de gênero entre os ZO'É. **MANA**, v. 27, n. 2, p. 1-30, 2021.

BRASIL. **Instrução Normativa Ibama n. 34, de 18 de junho de 2004.** Estabelece normas gerais para o exercício da pesca do pirarucu (Arapaima gigas) na Bacia Hidrográfica do Rio Amazonas. Brasília, 2004. Disponível em: https://www.ibama.gov.br/component/legislacao/?view=legislacao&force=1&legislacao=111150. Acesso em: 18 nov. 2022.

BROWN, Culum; LALAND, Kevin N. Social learning in fishes: a review. **Fish and Fisheries**, v. 4, n. 3, p. 280-288, 2003.

BUTLER, Judith. Sex and Gender in Simone de Beauvoir's Second Sex. **Yale French Studies**, n. 72, p. 35-49, 1986.

CAMPOS-SILVA, João Vitor; HAWES, Joseph; PERES, Carlos. Population recovery, seasonal site fidelity, and daily activity of pirarucu (*Arapaima* spp.) in an Amazonian floodplain mosaic. **Freshwater Biology**, v. 64, n. 7, p. 1.255-1.264, 2019.

CARREIRO, Carlos Riedel Porto. **Inovações tecnológicas na sexagem, manejo reprodutivo e crescimento do pirarucu, Arapaima gigas (SCHINZ, 1822), (Actinopterygii, Arapaimidae) cultivado no Centro de Pesquisas em Aquicultura Rodolpho von Ihering (CPA) do DNOCS, Pentecoste, Estado do Ceará.** 2012. 136 f. Tese (Doutorado em Engenharia de Pesca) – PPGENP, UFC, Fortaleza, 2012.

CASTELLO, Leandro. A method to count Pirarucu *Arapaima gigas*: fishers, assessment, and management. **North American Journal of Fisheries Management**, v. 24, n. 2, p. 379-389, 2004.

CLASTRES, Pierre. **A Sociedade Contra o Estado:** Pesquisas de Antropologia Política. 2. ed. Rio de Janeiro: Francisco Alves, 1978.

COSTA, Juliana de Almeida. **Mulheres rurais e plantas medicinais:** Saberes, Socialidades e Autonomia Feminina. Dissertação (Mestrado em Extensão Rural) – Programa de Pós-Graduação em Extensão Rural, UFSM, Santa Maria, 2019.

CHARÃO-MARQUES, Flávia. Mulheres rurais e plantas medicinais: das práticas às existências coletivas. **Saúde coletiva, desenvolvimento e (in) sustentabilidades no rural**, p. 129-142, 2018.

CHARÃO-MARQUES, Flávia *et al.* As mulheres e as plantas medicinais: reflexões sobre o papel do cuidado e suas implicações. **Revista Retratos de Assentamentos**, v. 18, n. 1, p. 155-182, 2015.

DA COSTA PEREIRA, Anderson Lucas. Preto, gay e do Norte. **Revista de Antropologia**, v. 60, n. 1, p. 35-46, 2017.

DE SOUSA, Ádria Fabíola Pinheiro; DA SILVA, Josué Costa. Práticas de Cura pelas Mãos de Dona Lenil, Sabedora da Comunidade Enseada do Aritapera, Várzea de Santarém, Pará. **Revista Latino-Americana de Geografia e Gênero**, v. 9, n. 1, p. 120-137, 2018.

FERREIRA, José Cândido Lopes. **"Pirarucu de manejo"**: conservação, mercado e transformações técnicas na pesca ribeirinha. 2022. Tese (Doutorado em Antropologia Social) – PPGAS, UNICAMP, Campinas, 2022.

FREITAS, Carolina Tavares de; DEMARCHI, Layon Oreste; OLIVEIRA, Diana Nunes de; WITTMANN, Astrid de Oliveira; WITTMANN, Florian. Os habitantes das áreas alagáveis amazônicas e o uso de recursos vegetais. *In*: LOPES, Aline; PIEDADE, Maria Teresa Fernandez. **Conhecendo as áreas úmidas amazônicas**: uma viagem pelas várzeas e igapós. Manaus: Editora do INPA, 2015a.

FREITAS, Carolina Tavares de; SHEPARD, Glenn H.; PIEDADE, Maria Teresa Fernandez. The floating forest: traditional knowledge and use of matupá vegetation islands by riverine people of the central amazon. **PloS one**, v. 10, n. 4, p. 1-15, 2015b.

GALVÃO DE LIMA, Liane; BATISTA, Vandick. Estudos etnoictiológicos sobre o pirarucu *Arapaima gigas* na Amazônia Central. **Acta Amazonica**, v. 42, n. 3, p. 337-344, 2012.

GALVÃO. Eduardo. **Uma crença do caboclo amazônico**. 5. ed. São Paulo: Nova Série, 1951.

GALVÃO, Eduardo. **Santos e visagens**: um estudo da vida religiosa de Itá, Amazonas. São Paulo: Editora Nacional, 1955.

IMBIRIBA, Emir P. Potencial da criação de pirarucu, *Arapaima gigas*, em cativeiro. **Acta Amazonica**, v. 31, n. 2, p. 299-316, 2001.

INGOLD, Tim. Da transmissão de representações à educação da atenção. **Educação**, v. 33, n. 1, p. 6-25, 2010.

JUNK, Wolfgang Johhanes. Mechanisms development and maintenance of biodiversity in Neotropical floodplains. *In*: GOPAL, B., JUNK, W. J.; DAVIS, J. A. (org.). **Biodiversity wetlands**: assessment, function and conservation. Leiden: Backhuys Publishers, 2000. p. 119-139.

JUNK, Wolfgang Johhanes; PIEDADE, Maria Teresa Fernandez; WITTMANN, Florian Karl; SCHÖNGART, Jochen. **Várzeas amazônicas**: desafios para um manejo sustentável. Manaus: Editora do INPA, 2020.

KASUMYAN, Alexander O. The lateral line in fish: structure, function, and role in behavior. **Journal of Ichthyology**, v. 43, n. 2, p. 175-213, 2003.

KILOMBA, Grada. **Memórias da plantação**: episódios de racismo cotidiano. Rio de Janeiro: Cobogó, 2019.

KERGOAT, Prisca; PICOT, Geneviève; LADA, Emmanuelle. Ofício, profissão, bico. *In*: HIRATA, Helena *et al.* (org.). **Dicionário Crítico do Feminismo**. São Paulo: Editora da UNESP, 2009.

LE BRETON, David. **Antropologia dos Sentidos**. Tradução de Francisco Morás. Petrópolis, RJ: Vozes, 2016.

LEITÃO-BARBOZA, Myrian Sá; BARBOZA, Roberta Sá Leitão; GAMA, Gerlan Silva da. 2022. **Técnicas, emoções e panemice nas relações de pesca**

de pirarucu em uma comunidade amazônica (Ipiranga, Prainha-
-PA). Trabalho apresentado na 33ª Reunião Brasileira de Antropologia,
realizada entre os dias 28 de agosto a 3 de setembro de 2022, no GT 77:
Técnica, emoção e poder: uma abordagem processual. Disponível em:
https://www.33rba.abant.org.br/atividade/view?q=YToyOntzOjY6InBh-
cmFtcyI7czozNjoiYToxOntzOjEyOiJJRF9BVElWSURBREUiO3M6MzoiM-
TYyIjt9IjtzOjE6ImgiO3M6MzI6Ijk2N2U4MjY2YjAxZDdiZGI5YzNjMjI-
zOWEzZmE1MTRhIjt9&ID_ATIVIDADE=162. Acesso em: 13 set. 2022.

MALDONADO, Simone Carneiro. **Pescadores do mar**. São Paulo: Ática, 1986.

MANESCHY, Maria Cristina. A mulher está se afastando da pesca? Continuidade e mudança no papel da mulher na manutenção doméstica entre famílias de pescadores no litoral do Pará. **Boletim do Museu Paranaense Emílio Goeldi**, série Antropológica, v. 11, n. 2, 1995.

MARTINIC, Sérgio. Saber popular y identidad. *In*: GADOTTI, Moacir; TORRES, Carlos Alberto. **Educação popular**: utopia latino-americana. São Paulo: Cortez; Edusp, 1994. p. 69–88.

MAUÉS, Raymundo Heraldo. **Padres, Pajés, Santos e Festas**: catolicismo popular e controle eclesiástico. Um estudo antropológico numa área do interior da Amazônia. Belém: Cejup, 1995.

MAUÉS, Raymundo Heraldo. **A ilha encantada, medicina e xamanismo numa comunidade de pescadores**. Belém: Gráfica Editora Universitária, 1990.

MAUSS, Marcel. [1934]. As técnicas do corpo. *In*: MAUSS, Marcel. **Sociologia e Antropologia**. São Paulo: Cosac & Naify, 2004. p. 399-422.

MURA, Fabio. De sujeitos e objetos: um ensaio crítico de antropologia da técnica e da tecnologia. **Horizontes Antropológicos**, Porto Alegre, v. 17, n. 36, p. 95-125, jul./dez. 2011.

MURA, Fabio; SAUTCHUK, Carlos Emanuel. Technique, power, transformation: views from Brazilian anthropology. **Vibrant**, v. 16, nov. 2019.

MURRIETA, Rui Sérgio S. A mística do Pirarucu: pesca, ethos e paisagem em comunidades rurais do baixo Amazonas. **Horizontes Antropológicos**, v. 7, n. 16, p. 113-130, 2001.

MOURA, Beatriz Martins. **Mulheres de axé e o território da universidade**: encruzilhando epistemologias e refundando pedagogias. 2021. 187 f., il. Tese (Doutorado em Antropologia Social) – Universidade de Brasília, Brasília, 2021.

MORAES, João; SCHOR, Maria; ALVES-GOMES, Pedro. **Estudos Sobre a Pesca no Amazonas**. [S. l.]: Editora Pesca, 2010.

OLIVEIRA, Ronisson de Souza; PERALTA, Nelissa; FERREIRA, José Cândido L. Aprender a pescar: comunidades de práticas na pesca ribeirinha amazônica. **Amazônica**: Revista de Antropologia, v. 14, n. 1, p. 61-90, 2022.

OVERING, Joanna. Elogio do cotidiano: a confiança e a arte da vida social em uma comunidade amazônica, **MANA**, v. 5, n. 1, p. 81-107, 1999.

PAIVA, Ana. **Conservação e Sustentabilidade na Amazônia**. Pombal, PB: Editora Verde, 2018.

PEREIRA, Anderson Lucas da Costa. **"Mãe Mariana pede, a gente faz"**: um estudo antropológico da relação do Pai de Santo com o Altar da Cabocla Mariana. Monografia (Graduação) – Programa de Antropologia e Arqueologia. Santarém, Universidade Federal do Oeste do Pará, 2014.

PINHEIRO, Tainá Trindade; DE CASTRO GÓES, Kelyany Oliveira; SILVA, Maria das Graças Silva Nascimento. Mulheres Ribeirinhas e Percepção: mapas mentais e narrativas das mulheres do distrito de Nazaré-RO. **Revista Presença Geográfica**, v. 8, n. 1, p. 13-28, 2021.

PRESTES-CARNEIRO, Gabriela *et al.* Waterscapes domestication: an alternative approach for interactions among humans, animals and aquatic environments in Amazonia across time. **Animal Frontiers**, v. 11, n. 3, p. 92-103, 2021.

RAMALHO, Cristiano Wellington Norberto. O sentir dos sentidos dos pescadores artesanais. **Revista de Antropologia**, v. 54, n. 0, p. 315-352, 2011.

ROBINSON, John; REDFORD, Kent. **Neotropical wildlife use and conservation**. Chicago: The University of Chicago Press, 1991.

SAUTCHUK, Carlos Emanuel. Aprendizagem como gênese prática, skill e individuação. **Horizontes Antropológicos**, n. 44, p. 109-139, 2015.

SAUTCHUK, Carlos Emanuel. Pesca e aprendizagem: gestação e metamorfose no estuário do Amazonas (ensaio fotográfico). **Amazônica**, v. 5, n. 2, p. 502-519, 2013.

SAUTCHUK, Carlos Emanuel. **O arpão e o anzol**: técnica e pessoa no estuário do Amazonas (Vila Sucuriju, Amapá). 2007. 402 f. Tese (Doutorado em Antropologia Social) – PPGAS, UnB, Brasília, 2007.

SILVA et al. Família, trabalho, identidades de gênero. **Psicologia em Estudo**, Maringá, v. 15, n. 1, p. 151-159, jan./mar. 2010. Disponível em: https://www.scielo.br/j/pe/a/KyyxdNYcZgpDsXCqRqcq3Wq/?format=pdf&lang=pt. Acesso em: 12 abr. 2023.

SAWAYA, Paulo. Sobre a biologia de alguns peixes de respiração aérea (Lepidosiren paradoxa Fitz. e Arapaima gigas Cuv.). **Boletins da Faculdade de Philosophia, Sciencias e Letras**, Universidade de São Paulo, Zoologia, v. 11, p. 255-285, 1946.

SCARAMUZZI, Igor. **Extrativismo e as relações com a natureza em comunidades quilombolas do rio Trombetas/Oriximiná/Pará**. 2016. Tese (Doutorado em Antropologia Social) – PPGAS, Unicamp, Campinas, 2016.

STOECKLI, Pedro. Acerca do búfalo: delimitação e movimento no Baixo rio Araguari (Amapá). *In*: SAUTCHUK, Carlos Emanuel. **Técnica e transformação**: perspectivas antropológicas. Rio de Janeiro: ABA Publicações, 2017.

STOECKLI, Pedro. Do bravo ao manso por meio de uma lente: aproximações imagéticas à criação de búfalos. **Iluminuras**, Porto Alegre, v. 16, n. 40, p. 133-166, 2015a.

STOECKLI, Pedro. **Laços brutos:** vaqueiros e búfalos no baixo Araguari, Amapá. 2015. Tese (Doutorado em Antropologia Social) – Instituto de Ciências Sociais, UnB, Brasília, 2015b.

STOKES, Gretchen L. *et al.* Air-breathing ecology of Arapaima sp.: Conservation implications for an imperilled fish. **Aquatic Conserv:** Mar Freshw Ecosyst, v. 31, v. 6, p. 1-12, 2021.

TORRES, Iraildes Caldas; DOS SANTOS, Fabiane Vinente. **Intersecção de gênero na Amazônia.** Manaus: EDUA, Editora da Universidade Federal do Amazonas, 2011

VAL, Adalberto L.; OLIVEIRA, Alzira M.; *Colossoma macropomum*: a tropical fish model for biology and aquaculture. **Journal of Experimental Zoology,** v. 335, n. 9-10, p. 1–10, 2021.

VERÍSSIMO, José. [1895]. **A pesca na Amazônia.** Rio de Janeiro: Livraria Clássica, 1970.

VIVEIROS DE CASTRO, Eduardo. Cosmological deixis and amerindian perspectivism. **Journal of the Royal Anthropological Institute,** v. 4, n. 3, p. 469-488, 1998.

VIEIRA, Ricardo; VIEIRA, Ana. Entrando no interior da escola: etnografia e entrevistas etnográficas. **Revista Contemporânea de Educação,** n. 26, p. 31-48, 2018.

WAGLEY, Charles. **Uma comunidade Amazônica.** São Paulo: Ed. Nacional, 1957.

WITTMANN, Florian *et al.* Composição florística, diversidade, fitogeografia e evolução das florestas alagáveis amazônicas. *In*: JUNK, Wolfgang J. *et al.* **Várzeas amazônicas:** desafios para um manejo sustentável. Manaus: Editora do INPA, 2020.

WWF-Brasil. 2022. **Pirarucu:** peixe gigante de água doce. Disponível em: https://www.wwf.org.br/natureza_brasileira/especiais/biodiversidade/especie_do_mes/agosto_pirarucu/. Acesso em: 27 jan. 2022.